你最应该知道的思想名著

子恒●主编

红旗出版社

图书在版编目（CIP）数据

你最应该知道的思想名著/子恒主编．
--北京：红旗出版社，2012.3

ISBN 978-7-5051-2181-2

Ⅰ.①你… Ⅱ.①子… Ⅲ.①哲学－著作
－介绍－世界 Ⅳ.①B1

中国版本图书馆 CIP 数据核字（2012）第 021757 号

书　　名：你最应该知道的思想名著
主　　编：子　恒

出 品 人：高海浩　　**责任校对：**藏杨文
总 监 制：徐永新　　**封面设计：**博雅工坊
责任编辑：陈　豪　　**版式设计：**博雅工坊

出版发行：红旗出版社
地　　址：北京市沙滩北街 2 号
邮　　编：100727　　**编 辑 部：**010－82061212
E - mail：hongqi1608@126.com　　**发 行 部：**010－64024637
欢迎品牌图书项目合作　　**项目电话：**010－84026619
印　　刷：北京雁林吉兆印刷有限公司

开　　本：787 毫米×1092 毫米　1/16
字　　数：225 千字　　**印　　张：**16.75
版　　次：2013 年 5 月北京第 1 版　2013 年 5 月北京第 1 次印刷

ISBN　978-7-5051-2181-2　　**定　　价：**32.00 元

Preface 前　言

亲爱的读者，当你拿到《你应该知道的思想名著》这本书时，你就应当像抱着一个刚出生的婴儿一样，来珍视它，呵护它。思想是超远的，是卓绝的，是深邃的，是智慧的所在。然而，一个懵懵懂懂的婴儿又如何能成为真理的化身呢？婴儿是无知的，是纯洁的天然生命。苏格拉底就这样说道“我只知道一件事，那就是什么都不知道”。可见，一个人认识到自己的无知是最了不起的，在无知之中有运生万物的根。人生一世就是为了寻找这个根才去苦苦求索，一世追寻。凡是思想的东西都是人的灵魂所迫切要寻找的归宿，是人之所以为人的根本所在。

人生是一个旅程，有的人走了，有的人又来了。人就是不断地被抛入了这个世界，而又被无情地扔出了这个世界。人生实所短暂，然而，人生的价值就表现在它是一个可以思考的存在，正如帕斯卡而言，“人是一棵有思想的芦苇”。

茫茫人世，芸芸众生。在如今人欲、物欲横流的时代里，在这个被同化、物化和异化的人性之中，很少有人再有思想了，更少有人知道人本来是有思想的，更甚者，许多人连是否知道都已经遗忘。

现在许多人追求的都是口福的享受、旅游的娱乐、性欲的满足、消费的惬意……人成了一个盲目的随波逐流的存在，人们往往用肉欲的狂欢、物质的富有、消遣的刺激来麻痹自己，人们都害怕空虚、孤独和无聊，所以，就饮鸩止渴，填补心灵和精神上的贫乏。人类已经不再拥有充满灵性的智慧和思想。人成了一个行尸走肉，一个机器，一种盲流的所在。

人一旦不再为自己所走的路思考，不再拥有信仰，也不再为真正的幸福而努力时，那么人只是在生存，而不是在生活，人也就失去了本来具有的真性，磨灭了生命内的真我。

读者啊，如果你读了这本书，我敢相信你的灵魂有福了。你是一个拥有灵性的生命，一只寻觅彼岸的小舟。人生的大道将会向你敞开。因为向内求取的人，谁寻求，谁就获得，向外求取的人，谁寻求，谁就迷失。

思想是一个人走进信仰的天梯，也是一个人走向归宿的航标。如果你不想再这样下去，和芸芸众生一样，浑浑噩噩地活着、庸庸碌碌地奔忙，脑满肠肥、醉生梦死，那么你就去叩问生命的归途吧！去做一个有灵魂的行人吧！

思想，就如同是荒原，越走越远，离生命的中心也就越近。从近现代的思想家尼采、康德、黑格尔到古希腊的苏格拉底、柏拉图；从经院哲学托马斯·阿奎那、圣·奥古斯丁到耶稣基督；从启蒙主义的卢梭到超验主义的爱默生，无不留下了人类思想历史的脚步，无不印证了人类思想的伟大。

然而，就在人类文明进步的今天，许多人已经退化了，他们不再拥有思想，也不再拥有智慧和美德。正如罗素所说，许多人宁愿死，也不愿思考，事实上他们也确实至死都没有思考。

在如今的社会之中，“最正常的人也就是病得最厉害的人，而病得最厉害的人也就是最健康的人。”人已经失去了人性，而只剩下了“性”。人仅仅是一种“性”的存在，而不再是人。

人失去了人之所以为人的根基，人泯灭了人性的道德和良知，人已经滑落到深不自拔的深渊，陷入了罪恶的歧途和渊薮……

有些人睡了不醒，有些人醒了还要去睡。众星已经远去，而天才还在逃离，人世的灯塔已经坠落，凄冷的寒夜即将到来。当人世的丧钟敲响的时候，还有谁再去问丧钟究竟为谁而鸣？

亲爱的读者啊，如果你读到了这本书，请你把那些生命的箴言刻进自己的心灵中去，在纷纷扰扰的尘世之中把心灵静养，希望你能从“永恒的沉睡”走向“永恒的自醒”，在尘世的迷途走向人生的彼岸。也许思想并不能去拯救你，但是思想至少可以让你悬崖勒马，如梦初醒，思想至少可以指给你觉醒的路，赐给你灵性的双眼。

读者啊，读者，要知道，“人是一座桥梁，一条绳索”。人空手而来也必定会空手而去。唯有亘古不变的是人性的自我圆满，和心灵内在的富有，也唯有如此才是真正的自我回归。

目　录

Contents

第一章

巴门尼德的论自然

巴门尼德的哲学是全面的，如同我们中国的哲学一样，用演绎法直接定义了真理就是“苹果”，一切的一切都是它。或者说真理就是八卦，万事万物都在其中，它就是一切，它就是宇宙。

我们不能说“是，并且不可能”就是“是”也不能说“不是，并且不然”就是“不是”。“是和不是”是一体的，又是同一的。当我们说出“不是”的时候，我们也就说出了“是”或者我们什么都没有说的时候，也就等同于已经说出了一切。当我们说光是明亮的时候，它又带来了阴影；当我们只想在一张纸的正面写字的时候，也不得不依托它的背面。我们无法将白日与黑夜分开，也无法将河的两岸裂开，它本来就是一体。因为这条路是我们的大脑不能去思考，思考也白白思考的路……它不在这里，也不在那里，它又无处不在。我们可以用一个很生动形象的比喻来说明这个问题，就好比是我们即将面临死亡的一瞬或许在母体中还没有出生的胎儿，或许是已经安然入睡，但是还没有做梦的状态。那是安谧、祥和的状态，也是真理之所。

第一节
走近女神的巴门尼德

思想与存在是同一的。（巴门尼德）

巴门尼德是生活在一个比大哲学家苏格拉底还要早的一个时代。当苏格拉底还是风华正茂的青年人时，巴门尼德已经鹤发童颜了！传说，苏格拉底拜访过巴门尼德，曾向他老人家请教许多深刻的问题，也从他老人家那里学到了许多真理之言。也像是孔子曾经拜访老子一样，他认为老子深不可测，并称老子为“龙”。在古希腊，也许这个叫巴门尼德的高人也就是苏格拉底的“龙”吧！

如果你对巴门尼德有一点儿的了解，你就会发现，他的思想最关键的一个字就是“一”。他也像老子那样认为“一”就是一个永存不变的道。在我们中国“一阴一阳为之道”，阴阳合一才是“一”。巴门尼德也这样认为，他不太注重事物的分离，而是看重合。比如他说“热”就是不冷，“黑暗”就是不光明，他和老子一样都具有先见之明。他知道任何事物都是对立统一的一对矛盾！漠然无分，沉默不语就是对“一”的最好的解释。或者也像释迦牟尼说的那样，如果有人问你一件事，你既要答出对的一面，也要答出不对的一面，即“是也不是”、“不是也是”。这些看似简单而愚蠢的话题，却很少有人知道竟然是一种高深的理论。

巴门尼德认为，这个“一”是永远存在着的，也是永远不会变的，就像庄子说的那个门轴，门一直都绕着它转，它却一动不动，或者就如地球的轴心，看似好像没有实物的轴存在，但一切事物都要围绕着它旋转。

巴门尼德认为，思想不在存在之外，被人所思想着的东西和这一思想是同一的，“思想与存在就是同一”。

巴门尼德还说，只有那个被审视观察之后，提取出来的那一个“一”才是众事物的“心”。是万事万物的一个共有的属性。那些形形色色的具体的事物，如鸟语花香、小桥流水，风和日丽、春暖花开都是被你的眼所蒙蔽了的假象，真相在假象的里面。他教我们看事物不仅要看能看到的那一面，还要看看不见的那一面，因为看不见的那一面才是万物之母。

这又有点像佛教的说法了，佛家就认为那些可以被感知的花花世界就是“色”，要离退六根，破除五识，就得看破红尘，认识真相。

真相是空，而空不异色，色不异空，所以就又回到巴门尼德那个“一”上了。巴门尼德的真理之道就是：“你不能知道什么是不存在的，那是不可能的，你也不能说出它来；因为能够被思维的和能够存在的乃是同一回事。”好深奥的道理，好深奥的巴门尼德。

“能够被思维的事物与思想存在的目标是同一的；因为你绝不能发现一个思想是没有它所要表达的存在物的。”这样论证的本质就是说：当你思想的时候，你必定是思想到了某个事物；当你使用一个名字的时候，你使用的名字也必是某个事物的名字。你既然能在这样的时间轮渡里思考着这个事物，又能在这个实际那轮渡之外思考着这个事物，那么这个和那个必然是在同一个时间轮渡里，也就是说你说的和你所想的以及你所说和所想的那个事物也就是“一”，不再有什么区别可言了。因此也就不可能再有什么变化了，因为一切事物的生灭、兴衰都在一个时间轮渡里。再怎么变化也是在包孕着的一个蛋壳之内变化，没有本质上的区别了。

也许他的那一论断，看起来比较深刻。但是只要我们仔细想一想，提问者就是回答者，呼唤者就是应声者，那么你自己的问题还会被你的回音所回答，这样提问者和回答者、呼唤者和应声者就成为一个人，也就是合二为“一”了。

巴门尼德还认为字也有着始终不变的内涵，他去认识一个字不是在看一个字的表象意义，而是去挖掘这个字的内在哲理。如一个“人”字，他不去研究这个人究竟怎么给定义，而是从这个“人”出发去认识，一人即是一阴一阳的分合体。它既有阴阳合一的同一性，又有阴阳分开的分离性。

巴门尼德认为那些被人们认为是过去的事物，在过去存在，那么在现在也继续存在着。

巴门尼德一直都在坚持那个“一”的永恒存在性，他觉得这个“一”是永远都不会被毁灭的，它支配着一切被毁灭的事物。在这里他的这个“一”简直太像老子的道了，亘古长存，但又不为所见，承载万物却又不彰显……也如《心经》中的舍利子，不生不灭、不垢不净、不增不减，立于永恒……

第二节
“一”的思想——《论自然》

来吧，我要告诉你，你一定要倾听牢记我的话，带着我的话上路。（巴门尼德）

我们要想真正地理解巴门尼德就需要我们在他的哲学迷宫中畅游自如，随心所得。那你就让我们重新再踏上巴门尼德的路吧：

载我的马车引我前进，追随我心的渴望全力远行。它将我带上女神的著名的道路，她引导有学识的人走遍所有的城。我在这条路上行进，聪明的马儿带着我，用力拉着我的车前进，少女们指点途径。快速滚动的车轮推动着炽热的轮轴发出尖锐的鸣响。

太阳的女儿们引我走进光明，拂开她们面上的纱巾，离开了黑暗的居所。

在黑夜和白天的路上有几座大门……大门紧闭，保管钥匙的是狄凯，那司报应的正义女神。少女们用恭维的言辞（逻各斯）机智地劝说她将闩牢的门闩从大门上挪开。大门开启，展现出一条宽阔的道路，……少女们驾驭着马车，沿着笔直的道路前行。

女神亲切地接待我，握住我的右手，对我说："欢迎你，年轻人！你由不朽的驭者驾着车，送你到我的住所。引你走上这条路的不是噩运，而是公平和正义。

因为这远不是一般人走过的道路。在这条路上你可以学到一切东西……"

巴门尼德写道，女神"引导有学识的人走遍所有的城"，她向巴门尼德许诺："走上这条路你就可以学到一切东西。"这无疑会引起我们的思考，这条路究竟是指什么路呢？为什么走上了这条路就可以学到一切东西呢？如果说上帝不是万能的，那么这条路又怎么会万能呢？这究竟是什么路？它为何有这么大的神力使一切的事物都从这里获得？

巴门尼德的哲学是全面的，如同我们中国的哲学一样，用演绎法直接定义了真理就是"苹果"，一切的一切都是它。或者说真理就是八卦，万事万物都在其中，它就是一切，它就是宇宙。

《论自然》就是以整个自然为研究对象来说的，而他的全部自然哲学都集中在了《真理之路》上。

巴门尼德在《真理之路》上说道：

来吧，我要告诉你，你一定要倾听牢记我的话，带着我的话上路，只有那些研究途径是可以设想的：一条路，是，并且不可能不是，这是确信的道路，因为它通向真理；另一条，不是，并且必然不是，这一条路，我告诉你，是一条完全不能有所思想的道路。因为你不能知道不是（的东西）——这是不可能的，也不能把它说出来。

巴门尼德从“是，并且不可能不是”推出了“不生不灭”，从“是和不是是同一的又不是同一的”推出了“是与不是”。不能被证明要求“不是”什么都不是，而什么都不是的东西还能是什么呢？只能是无，所以“不是”是指无。而“无”又不能是什么都没有，它又可以理解为是什么都有。巴门尼德的这个命题有点像赵州禅师的一句“禅语”。当弟子问起赵州禅师“狗子有佛性吗？”这句话时，赵州禅师回复道“无”；当弟子远途跋涉而来时，赵州禅师并没有给他们什么开示，只仅仅说了这么一句话“喝茶去”，这时真理就陷入了永恒的沉默。

达摩祖师见慧可不语而知性空；释迦牟尼“拈花一笑”而悟万空也是此理。

我们不能说“是，并且不可能”就是“是”也不能说“不是，并且不然”就是“不是”。“是和不是”是一体的，又是同一的。当我们说出“不是”的时候，我们也就说出了“是”或者我们什么都没有说的时候，也就等同于已经说出了一切。当我们说光是明亮的时候，它又带来了阴影；当我们只想在一张纸的正面写字的时候，也不得不依托它的背面。我们无法将白日与黑夜分开，也无法将河的两岸裂开，它本来就是一体。因为这条路是我们的大脑不能去思考，思考也白白思考的路……它不在这里，也不在那里，它又无处不在。我们可以用一个很生动形象的比喻来说明这个问题，就好比是我们即将面临死亡的一瞬或许在母体中还没有出生的胎儿，或许是已经安然入睡，但是还没有做梦的状态。那是安谧、祥和的状态，也是真理之所。

在这个真理之所里面，一切事物，万事万物的所有变化，都会悄然不知。所有事物的生灭兴死都在时间和空间的轮回里运转。一切的变都在这个不变的东西之中，所以它不生不灭。但是时间和空间又是同步的，所以一个在所有时间都不变的东西却可能随着时间的生灭而生灭，由此，我们可以得知“时间不生不灭”。也就很自然地推出了“空间是不生不灭的并且是不变的”。

简单地说也就是“道”是不变的，“一”是永恒的，道即为一，一即自然。

巴门尼德说：

走上这条路你就可以学到一切东西，既有圆满真理不可动摇的核心，又有不包含真实信念的凡人的意见。无论如何你也应该彻底学习这些东西，理解它们肯定是可接受的，因为它们遍及一切事物。

巴门尼德告诉我们：“真理不可动摇的核心”和“凡人的意见”。游吟诗人塞诺芬尼就很精辟地阐述了这个“凡人的意见”，他说：“从来没有，也决不会有任何人认识神和我所说的一切事情的真理；即使偶尔有人说出了极完备的真理，他自己也无法断定这是真理。一切只是意见而已。”

巴门尼德在序诗残篇之八中深刻地阐述了自己的思想，他认为此是之外，没有任何时间，命运与“此是”是一个整体。凡是人们建立的、信以为真的东西都只不过是一个名称而已。

巴门尼德的“此是”是既不生不灭的，是永恒的。它既不是在过去，也不是在将来，因为它是现在，它在当下、在独一、在连续。谁能够找到它是如何创始的呢？谁又能够得知它是怎样产生的呢？巴门尼德不允许你说也不允许你想它究竟何来，因为它不能被表达，也不能被思想。因此，正义女神决不放松她的锁链，允许它生成或者毁灭，而是把它抓得很紧。离开这条不可思想，也没有名字的道路，它就不是真理之路。正如老子所言“道，可道，非常道；名，可名，非常名”。

“此是”没有开始和终结，生成和毁灭已经被真正的信念赶得很远很远。“此是”自身静止在同一个地方，永远停留在那里，使它在各个方向上都一样。所以它很像一个滚圆的球体，从中心到任何一个方向都相等，它在各个方向都和自己相等，所以它和边界的距离相等，它多一点也不行，少一点也不行，它没有方向，但所有的方向都指向它的“内心”，就如同中国所说的圆满，“此是”就是这样，就是自性自足。

“此是”不生不灭、完整独一、不动无穷。它就是空间，而且是一无所有而又无所不有的宇宙空间。是柔弱而又强大的“道”，小到没有了核心，无法再小，大到没有边界，无法再大。

巴门尼德在哲学上的建树是完全独特的，也是完全真理的，前无古人，后无来者。《论自然》的确是巴门尼德高度成熟的一部作品，也可能是他终其一生写成的唯一完美的哲学作品。

第二章

苏格拉底的“认识自我”

苏格拉底说，他母亲是一个助产婆，而他却是人们精神上的助产婆。每一个人从一生下来他自身就具有知识，只不过在他清醒了，认识了这个世界的时候，他的知识还在沉睡，没有人去唤醒它们。也没有人知道知识及美德与生俱来。一个无知的人是无论如何也不会教给别人什么知识的，真正能教的还是自己。也就是说一个人必须先从内心召唤出他那个沉睡的灵魂，他才会发现自己已经拥有而还不知道自己拥有的知识。

一个人如果真的想得到真理，得到知识，首先就必须去认识自己，认识了自己才能寻回那个已经“沉睡的自我”；而真正认识自己的最高境界就是自己是无知的，没有任何智慧可言。就如同在世界还没有产生之前那个混元的状态一样，茫茫渺渺，一切都是那么宁静，一切都是那么自然，如同睡去而没有梦呓的人们，睡下去一千年也是一年，睡下去一分钟也是一万年，实际那和空间已经同一。

真正的真理不是向外求得的，而是向内自求，从内在的灵魂中去挖掘，去发现真理。

就像老子说的一样，让人们老死不相往来，人们都不知道善也不知道恶，也不知道谁是自己。“道”成就了万物，却不自居，生成了万物却不自显。而是推离到背后，支撑着整个世界。苏格拉底就是这样帮助别人获得知识的。

第一节
“助产婆”苏格拉底

我生平就知道一件事，我为什么是那么无知。（苏格拉底）

伟大的哲人苏格拉底一生都在追求真理。像孔子一样，他虽然一生并没有留下什么著作，但是思想的光芒是掩盖不了的。他是为追求真理而死的圣人，是“西方的孔子”。哲学史家往往把他作为古希腊哲学发展史的先贤来看待，并将他之前的哲学称为前苏格拉底哲学。他以一种“认识自我”的真理向人们宣告了真理不在野外，在自己的心中的主张，更以其灵魂转世与净化的基本思想，给恩培多克勒、毕达哥拉斯、柏拉图等人以极其深刻巨大的影响，并通过他们一直影响了整个西方的哲学。

苏格拉底和他的学生柏拉图和柏拉图的学生亚里士多德被称为“古希腊三贤”。苏格拉底一辈子都在教学，但却一辈子都没有向学生们收取学费。苏格拉底仅仅只靠着父辈留下的一点点积蓄度日，一生都过着贫苦艰难的生活。他长得极丑，身材短小，和中国的孔子差不多丑，但他知道如何“践形”，也和孔子一样有着神圣的思想，被称为“西方的孔子”。

苏格拉底无论严寒酷暑，他通身都只穿着一件普通的单衣，经常不穿鞋，对吃饭也不讲究，有时甚至为了思考一个哲学问题，就站在一个地方一动不动，直从深夜到天明。但他似乎没有注意到这些，他只是专心致志地做学问。有一次，他的妻子告诉他，家里的米缸已经没有米了，让他想办法去弄吃的，但是他仍然表现得一无所事。他的妻子就大骂一顿，苏格拉底就偷偷地从门口溜出去，出乎意料的是，他的妻子竟然在门上放了一盆凉水，当苏格拉底从门口溜出去的时候，这一盆凉水正好倾洒下来，弄得浑身湿透。但是苏格拉底仍然笑着说道“我就知道打雷过后，就要下雨”。

苏格拉底小的时候曾经跟着他的父亲学过雕刻，但是自己喜欢文学哲学艺术，后来他自己阅读了《荷马史诗》。

苏格拉底30多岁的时候就到处去讲学，不收任何报酬，自称是一位社会道德教师。苏格拉底是神赐给雅典人的一个礼物、一个使者。他说自己有“灵迹”可以预知未来。他天生的任务就是整天到处去找人谈话，讨论问题，探求人生的真理和智慧。如经常问一些这样的问题，什么是美德？什么是真理？以及你的工作是什么？你是不是教师？在教育无知的人之前你怎样征服自己的无知？等等。他之所以要引导人们去思考这些问题，是因为在这些至关重要的问题上，人是非常无知的，人们需要去寻求什么是真正的正义和善，怎样才能达到拯救灵魂的目的。苏格拉底说：“我的母亲是个助产婆，我要追随她的脚步，我是个精神上的助产士，帮助别人产生他们自己的思想。”

苏格拉底把自己比作一只牛虻，把雅典比作一匹骏马，但是骏马已经昏睡了，要用这只牛虻来刺激它，紧紧地叮着它，随时随地责备它、劝说它，直至它从昏睡中惊醒而焕发出精神。

苏格拉底带着这种使命感和探索思考去践行自己的生活和哲学。他也知道自己这样做会使许多人恼怒，甚至想陷害自己。但是他又明白神赐给自己的神圣使命是不可违抗的，也是无法推辞的，责无旁贷的。

苏格拉底的学说很神秘，他觉得，万事万物的生灭都是神的安排，神主宰着这个世界。他认为如果背离神的旨意去研究自然那就是对神灵的一种亵渎。

他劝告人们去发现和认知自己，要人们明白做人的道理，去过着有道德的生活。他说他一生只知道一件事，那就是自己知道自己的无知。当许多人都纷纷向他赶来，向他请教的时候，他就说，我是最无知的。也许只有最终认识了自己的无知的人才是最有智慧的人吧！

苏格拉底就说："只有神才是智慧的，他的答复是要指明人的智慧是没有什么价值的或者全无价值的，神并不是在说苏格拉底，他仅仅是用我的名字作为说明，像是在说，人们啊，惟有像苏格拉底那样知道自己的智慧实际上是毫无价值的人，才是最有智慧的人。"他以自己的无知引导人们去认识自己的无知。

苏格拉底是道德善、智慧真的源泉。这个宇宙理性神是苏格拉底追求真正的善这一终极真理。人如果有了知识，那是因为他得到了神的眷顾，被赋予了一部分的神性，所以他才有了爱智的心灵和理智。但是他又教导人们你自身的无知是永远的，人的认识和智慧是渺小的，是无论如何都无法与神的智慧媲美，甚至有着天壤之别。所以这种"自知无知"的教导，就成了激发和推动他追求真知与批判不真不善、伪真伪善的强大力量。

苏格拉底一生不仅一直在研究思想，从思想上诱导人们从善，他年轻的时候还曾三次参军作战，并多次在战斗中救助受了伤的士兵，还曾在雅典公民大会中担任过陪审官。苏格拉底热爱雅典，也热爱雅典的每一个人，因为他拥有博大的胸怀和浩瀚无边的深邃的思想。他曾说："我不只是雅典的公民，我也是世界的公民。"

令人扼腕痛惜的是，伟大的苏格拉底竟然以不信神和腐蚀雅典青年思想的罪名被雅典城邦判处死刑。

他在法庭申辩道：

雅典的公民们！我得到那个坏名声，只是由于我有某种智慧。你们要问，是哪一种呢？我说就是人所能得到的那一种。也可能我确实有那样一种智慧；至于我刚才提到的那几位所具有的，我想也许可以称为超人的智慧。我想不出别的话来描述它，因为我自己根本不想要它。谁要是说我想要，那是造谣，是对我的诽谤。公民们，即便你们觉得我下面的话很夸张，也请你们安静地听一听，因为那话并不是我说的。我要告诉你们，那是一位值得你们尊敬的人物说的。我要为你们引一位值得信任的证人来作证。这就是那位德尔斐的神。他会告诉你们我那点智慧是属于哪一类的。你们一定知道凯勒丰，他是我自幼的故交，也是你们的朋友，因为他曾经同你们一道被流放，也是同你们一道回来的。这位凯勒丰的性格，你们都知道，是做什么事都很急躁的。有一回他跑到德尔斐，冒冒失失地向神提出了一个问题——请不要打断我的话——求神谕告诉他有没有人比我更智慧。女祭司传下神谕说，没有人更智慧了。凯勒丰本人已经去世了，可是他的兄弟在这里，可以证明我说的是实话。

为什么我要提这件事呢？因为我要向你们说明自己得到坏名声的原因。我听到这个神谕的时候，心里暗暗地想，神的这句话能是什么意思呢？他这个谜应该怎么解呢？因为我知道自己没有智慧，大的小的都没有。那么，他说在人间我最智慧，是什么意思呢？他是神，不可能说谎，那是同他的本性不合的。我经过长期考虑，想出一个办法来解决问题。我想，如果能找到一个人比我智慧，那就可以到神那里去提出异议了……我可以说：你说过我最智慧，可是这里就有一个比我更智慧的呀。于是，我就去访问一位以智慧著名的人物，对他进行观察。他的名字我不用说了，这是一位政界人士，我选他来试试。结果，我一开始同他谈话，就不能不想到他实在不智慧，尽管很多人以为他智慧，他也自以为智慧。因此我就试图向他说明，他自以为智慧，其实并不真智慧。结果他恨我了，当时在场的一些人听到我的话也恨我了。于是我就离开了他，心里暗想：好吧，尽管我并不以为我们人中间有谁知道什么真正美、真正好的东西，可我还是比他好一点，因为他一无所知，却自以为知道，而我既不知道，也不自以为知道。在这一点上，我似乎比他稍有高明之处。后来我又访问了另外一位更加自以为智慧的人，结果也是一模一样。于是我又树立了一个敌人，他身边的许多人也都成了我的敌人。

我一个接着一个地考察人，并不是没意识到自己激起的敌意。

我也曾为此悔恨、畏惧，但我不能不这样做，因为我应当首先考虑神的话。我心里想：我必须把所有显得智慧的人都访问到，把神谕的意义找出来。我对你们不能不说实话，公民们，我向你们发誓，凭着犬神发誓，我看来看去，发现那些名气最大的人恰恰是最愚蠢的，而那些不大受重视的人实际上倒比较智慧，比较好些。我要告诉你们，我到处奔波，付出了巨大的劳动，最后发现那个神谕是驳不倒的。我看了政界人士以后，又去看那些诗人：悲剧诗人，歌颂酒神的诗人，各种各样的诗人。我对自己说：在他们那里你就会马上露出原形了，就会发现自己比他们无知了。于是我就拿出几段他们最得意的作品，请教他们到底是什么意思，心想他们总能教我点东西。你们相信吗？我几乎不好意思说出真相，可是必须说，在座的诸位几乎没有一位不比他们强，哪一位都能对他们的诗谈出些道理，就是他们本人说不出所以然。我这才明白了，诗人写诗并不是凭智慧，而是凭灵感。传神谕的先知们说出了很多美好的东西，却不明白自己说的是什么意思。我觉得很明显，诗人的情况也是这样。同时我还观察到，他们凭着诗才，就自以为在别的方面也最智慧，其实一窍不通。于是我就辞别了他们，捉摸着自己比他们高明点，正如比那些政治家高明一样。

最后我去访问工匠。因为我意识到自己确实一无所知，相信会发现他们知道很多好东西。这一点，我可没有看错。因为他们确实知道很多我所不知道的东西，在这一方面他们比我智慧。可是，公民们，我发现那些能工巧匠也有同诗人一样的毛病，因为自己手艺好，就自以为在别的重大问题上也很智慧。这个缺点淹没了他们的智慧。所以，我就代表神谕问自己：你情愿像原来那样，既没有他们的智慧，也没有他们的无知呢，还是愿意既有他们的智慧，也有他们的无知？我向自己和神谕回答道：还是像我原来那样好。

公民们，就是这一查访活动给我树立了那么多凶险毒辣的敌人，也是这一活动使我得到了“最智慧的人”的称号，因而受到人们的诽谤。因为旁观者总以为我既然指出别人缺乏智慧，那个神谕的用意是说，人的智慧没有多少价值，或者根本没有价值。看来他说的并不真是苏格拉底，他只是用我的名字当作例子，意思大约是说："人们哪！像苏格拉底那样的人，发现自己的智慧真正说来毫无价值，那就是你们中间最智慧的了。"所以，我就到处奔波，秉承神的意旨，检验每一个我认为智慧的人，不管他是公民还是侨民，如果他并不智慧，我就给神当助手，指出他并不智慧。这件工作使我非常忙碌，没有时间参加任何公务，连自己的私事也没工夫管，我一贫如洗，就是因为事神不懈的缘故。

可是精彩的言论和实证的说理并没有能说服那些愚蠢的雅典人，也没有能挽回自己的命运，他依然被处于死刑。

在苏格拉底即将被处死的那天晚上，他把自己的妻子和女儿都打发走以后，就和自己的学生斐多、西帕斯等谈论灵魂是永生的问题。一位年届七旬的老人——苏格拉底，衣衫褴褛，散发赤足，镇定自若。本来他可以逃跑，但是他最终还是选择了服毒而死。他担心因为他的逃亡雅典将再也没有什么好的导师教育人们了。当狱卒端来毒汁时，他才收住"话匣子"。

狱卒说："每当我要犯人喝毒酒的时候，他们都怨恨我、诅咒我，恨不得一剑劈了我，但我必须执行上级命令。你是最高尚的人，所以我想你决不会怨恨我，而只会去怨恨那些要处死你的人，我现在受命执行命令，愿你少受些痛苦吧。别了，我的朋友。"说完泪流满面，离开了牢房。苏格拉底望着狱卒的背影亲切地说道："别了，朋友，我将会按照你说的去做的。"

然后，苏格拉底又和蔼地对那些青年说："他真是一个好人，自从我入狱以来，他就每天来看望我，亲切地和我谈话。而今他看到我将要被处死又为我流泪，多么善良的一个人呀！克利托，你过来，如果毒酒已准备好，就马上叫人去取来，否则请快点去调配。"克利托回答说："别的犯人一听到被处决，就会千方百计地拖延时间，为了能够再享受一顿丰盛的美餐，可是，你却急着去死。"

苏格拉底却说：“你说得很对，那些人这样做是无可非议的，因为他们延迟服毒酒可以获得某些东西；但对我来说，那样做不会获得任何东西，相反，吝惜生命并不是在接受上天的安排，我鄙视那种行为。”

苏格拉底把毒酒一饮而尽，在场的朋友都为他的即将离去而感到悲伤。他却劝慰到：“你们怎么可以这样呢？我为了避免这种场面才打发走家里的人，死就是神的召唤，请大家不要悲伤！”

他喝着毒汁很平静地说：“分手的时候到了，我将死，他们活下来，是谁的选择好，只有天知道。”当有一个朋友哭泣道：“我亲爱的苏格拉底，我是多么不希望你被如此不公正地处死啊！”苏格拉底却平静地说：“朋友，难道你希望看到我被公正地处死吗？”当有人问他还有什么话要说的时候，苏格拉底回答说：“我别无他求，只有我平时对你们说过的那些话，请你们要牢记在心。你们务必保持节操，如果你们不按我说的那样去生活，那么不论你们现在对我许下多少诺言，也无法告慰我的亡灵。”他最后还嘱托自己的妻子偿还邻居的一只鸡。

苏格拉底觉得死亡并不可怕，对于正义和至善的人死就是离开这个束缚灵魂的肉体，获得解脱，死亡也就是神对他的召唤。苏格拉底相信神无处不在，无所不能，万事万物都是神有意识有目的的巧妙的安排。

对于那些笑他愚蠢，笑他天真的人来说，他们才是疯子，是傻子，他们才执迷不悟。只有真正的智者和先贤才会为他的智慧与忠诚所折服，只有真正洞察了他内心世界的人才能发现闪光智慧和至善的美德。

伟大的哲人苏格拉底一生都在追求真理。像孔子一样，他虽然一生并没有留下什么著作，但是思想的光芒是掩盖不了的。他是为追求真理而死的圣人，是“西方的孔子”。哲学史家往往把他作为古希腊哲学发展史的先贤来看待，并将他之前的哲学称为前苏格拉底哲学。他以一种“认识自我”的真理向人们宣告了真理不在野外，在自己的心中的主张，更以其灵魂转世与净化的基本思想，给恩培多克勒、毕达哥拉斯、柏拉图等人以极其深刻巨大的影响，并通过他们一直影响了整个西方的哲学。

第二节
“认识自我”的人生告白

这个世界上有两种人，一种是快乐的猪，一种是痛苦的人。做痛苦的人，不做快乐的猪。（苏格拉底）

苏格拉底把自己的一生都贡献给了哲学，贡献给了人类的思想。他还没有出生之前，当时希腊还是自然哲学，都是研究宇宙本源的问题。可是，苏格拉底认为，对真理的追求是无穷无尽的，一个人即使耗费一生的精力，也无济于事，因为他自己本身都不知道是谁，他又会去研究谁呢？他感觉世界都在变化之中，在稍纵即逝的事物中找不到真理。自然的因果是无穷无尽的，如果哲学只去寻找这种因果，就不可能认识事物的最终原因。

他的想法和巴门尼德的想法是一样的。他认为真理应该是一种不变的、确定的、永恒的东西，所以不能求诸自然外界，而要反求内心，观照自我。他的名言是“认识你自己”。

苏格拉底发现“意见”会有好多种，而且会因人而异，而真理却只有一条，真理是永恒的、不变的。他要求作“心灵的转向”想在伦理问题上求得普遍真理，开始为事物寻求定义。

苏格拉底就开始对人类本身的研究，即研究人类的伦理问题，如什么是正义、什么是勇敢、什么是诚实、什么是智慧，知识是怎样得来的等等。后人称他的哲学为“伦理哲学”。苏格拉底为哲学研究开创了一个新的领域，他把哲学“从天上回到了人间”。

苏格拉底所追求的都是认识美的自身，正义的自身，只有这样才能得到真理普遍的定义，才是真正的知识，也就是柏拉图所说的“美的理念”、“正义的理念”。

那么一个人想去研究这些抽象的东西，在当时的古希腊来说无疑是巨大的挑战，因为所有的知识和认识都要凭空想象，靠大脑去完成。

可是，苏格拉底却破解了这一个密码，他认为一切知识，均从疑难中产生，愈求进步疑难愈多，疑难愈多进步就会愈大。苏格拉底自称自己知道自己是无知的，但是他又教授了许多人知识。那这又是如何解释呢？

苏格拉底说，他母亲是一个助产婆，而他却是人们精神上的助产婆。每一个人从一生下来他自身就具有知识，只不过在他清醒了，认识了这个世界的时候，他的知识还在沉睡，没有人去唤醒它们。也没有人知道知识及美德与生俱来。一个无知的人是无论如何也不会教给别人什么知识的，真正能教的还是自己。也就是说一个人必须先从内心召唤出他那个沉睡的灵魂，他才会发现自己已经拥有而还不知道自己拥有的知识。

一个人如果真的想得到真理，得到知识，首先就必须去认识自己，认识了自己才能寻回那个已经“沉睡的自我”；而真正认识自己的最高境界就是自己是无知的，没有任何智慧可言。就如同在世界还没有产生之前那个混元的状态一样，茫茫渺渺，一切都是那么宁静，一切都是那么自然，如同睡去而没有梦呓的人们，睡下去一千年也是一年，睡下去一分钟也是一万年，实际那和空间已经同一。

真正的真理不是向外求得的，而是向内自求，从内在的灵魂中去挖掘，去发现真理。

就像老子说的一样，让人们老死不相往来，人们都不知道善也不知道恶，也不知道谁是自己。“道”成就了万物，却不自居，生成了万物却不自显。而是推离到背后，支撑着整个世界。苏格拉底就是这样帮助别人获得知识的。

他终生从事教育工作却从不收取任何学费，他到处去施教，广场庙宇、商店街头就成了他的讲坛，作坊、体育馆就成了他的课堂。他和孔子一样，有教无类。老年人、青年人、富人、穷人、农民、手艺人、贵族、平民，都是他施教的对象。不管是谁，只要他们向他求教，他都会热情地施教。他是雅典第一个义务教师。

苏格拉底认为，教育对一个人的成长是非常重要的。他认为，无论是天资比较聪明的人还是天资比较愚钝的人，只要他们下定决心想去学，再通过勤学苦练就没有得不到的东西。

苏格拉底在教学上一直贯彻先教人美德后教人知识的思想，他认为一个人有没有美德决定了他是不是一个人，所以一个人只要他是人，就应该首先学会做人，要具有人应该有的美德，而后才去学习广博的知识。

他认为，在所有的事情上，凡是受到尊敬和赞扬的人都是那些最具有美德，知识最广博的人，而受人谴责和轻视的人，却是那些最无知的人。他还说人也要有一个强健的体魄，这样才能很好地致力于自己的事业和工作，才能不间断地为人们去服务。

苏格拉底用自己的哲学历年形成了自己独特的教学法，人们称之为“苏格拉底方法”，他本人却把自己的这种教学方法称其为“产婆术”。他说“教育不是灌输，而是点燃火焰”，他母亲为别人生育接生，他却为别人的思想接生，以他的“产婆术”教学法来引导人们唤醒心中正确的思想。

“苏格拉底方法”很独特，自己根本就不需要阐述或发表什么观点和看法，只要一直发问就可以了。从一个问题产生另一个问题，从问题与问题之间引起人们的思考，怎么会这样呢？难道是自己发问的时候就有问题吗？他的这种“问答法”让回答者自己去说话，去发现真理，而自己只是一个配角。就如同真理是别人自己找到的一样，只不过苏格拉底给他们指明了前面有几条路，走哪一条路会怎么样！当学生走上了歪路的时候，他就提出另外的问题引发学生思考，从而一步一步得出正确的结论。

苏格拉底用反问和反驳的方法使学生在不知不觉中接受了他的思想。有一次，他就是这样和自己的学生进行问答的。

学生：苏格拉底，请问什么是善行？

苏格拉底：盗窃、欺骗、把人当奴隶贩卖，这几种行为是善行还是恶行？

学生：是恶行。

苏格拉底：欺骗敌人是恶行吗？把俘虏来的敌人卖作奴隶是恶行吗？

学生：这是善行。不过，我说的是朋友而不是敌人。

苏格拉底：照你说，盗窃对朋友是恶行。但是，如果朋友要自杀，你盗窃了他准备用来自杀的工具，这是恶行吗？

学生：是善行。

苏格拉底：你说对朋友行骗是恶行，可是，在战争中，军队的统帅为了鼓舞士气，对士兵说，援军就要到了。但实际上并无援军，这种欺骗是恶行吗？

学生：这是善行。

苏格拉底的这种教学法具有神奇的魅力，让别人不知不觉中已经腹背受敌，束手就擒。它无形中已经启发了人的思想，使人主动地去分析问题、思考问题，他用辩证的方法证明真理是具体的，具有相对性，在一定条件下可以向自己的反面转化，从而潜移默化地被吸收利用。他说“每个人身上都有太阳，主要是如何让它发光!”

他倡导的这种问答法独步千古，是一种真理从内心成长的方法，是内心的自我滋润而开花的思想。用他自己的话说就是“教育是把人的内心勾引出来的工具和方法，思想应当诞生在学生的心里，教士仅仅应当像助产士那样办事。”直到今天，他的问答法仍然是一种很重要的教学方法。

在开学的第一天，苏格拉底对他的学生们说：“今天我们就只做一件事，每一个人尽量地把自己的手臂往前甩，然后再往后甩一下。从今天开始，每天做300下，大家能做到吗?”说着，他就做了一个示范。听到如此话语“学生都笑了，这么简单的事，谁能做不到呢?”可是一年之后，苏格拉底再问的时候，他的全部学生当中却只有一个人坚持了下来，那个人就是未来继他之后成为新一代思想家的柏拉图。

还有一次，苏格拉底在一块麦地附近讲学，柏拉图问苏格拉底“问世间情为何物?”

苏格拉底并没有回答他的问题，而是说：“你去麦地里摘一个最大的麦穗，只许进不许退。我在麦地的尽头等你。”这时，柏拉图莫名其妙，心里想“让我干这个干啥用呢？我问你的是爱情，爱情与麦穗有联系吗?”但是无论柏拉图心里多么狐疑，他还是听从了老师的吩咐，去了麦地。

可是，地里到处都长满了大麦穗，一眼望去，眼花缭乱，应接不暇，到底哪一个才是最大的呢？柏拉图埋头向前走，他看看这一株，摇了摇头又看看那一株，又摇了摇头。繁杂芜丛的麦穗使他的洞察力不再那么敏锐。在一片麦区就好像不在一片麦区一样，使人变得茫然，不知所措。他总以为最大的麦穗还在前面呢。虽然他也试着摘了几穗，但并不满意，便随手扔掉了。他最后看见一个比较大一点儿的，虽然还想着也许前面还会有更大的一个，但是他还是摘下来了，他就这样抱着那个不是很大的麦穗，不是很情愿，很理想地向前走去了。

这时，突然他听到老师如洪钟一般的喊声：“你已经到头了。”这个时候手拿一个不是很大的麦穗的柏拉图走到老师面前，神色彷徨。

苏格拉底对他说：“这块麦地里肯定有一穗是最大的，但你们未必能碰见它；即使碰见了它，也未必能下定决心作出判断，把它摘下来。因为最大的一穗就是你们刚刚摘下的。”

当柏拉图听了老师的这句话才如梦初醒，悟出了这样一个道理：人的一生仿佛也是在麦地中行走，也在寻找那最大的一穗。有的人见了那颗粒饱满的“麦穗”，就不失时机地把它摘了下来；有的人则东张西望，一再错失良机。追求应该是最大的，一个人总想找到最好的那一个，可是谁也不知道哪一个才是真正最好的，也不知道最好的究竟是什么样子。但只有把眼前拿在手中的麦穗好好地把握住，才是真实的。因为缘分是值得去珍惜的，相遇即是缘。如果一生都在迟疑不定，那么一生也都只是在错过，遗憾……因为走过去的路再怎么惋惜也不能回头，珍惜眼前的缘分，才是明智的举动……爱情只是“最大的麦穗”，缘分才是真正的情义。

苏格拉底知道什么是真正该追求的东西，什么是奢望不到的东西，什么是值得去珍惜的东西。他寻求的是一种内心的满足与快乐，内心的最大幸福，正如他所言“在这个世界上，除了阳光、空气、水和笑容，我们还需要什么呢？”

有一个夏天，苏格拉底为自己建造了一所小房子。房子非常小，小得让他的邻居都感到很纳闷，这样的房子怎么能让人满意呢？

邻居说：“您这么一个大人物，却把自己的房子盖成这么一个小盒子，您这不是和自己过不去吗？有什么道理呢？”

“确实没有什么道理。”苏格拉底说，“不过这个地方虽小，但是如果我能使它容下我真正的朋友，我将会认为自己是很快乐的。”

即使在牢狱中，快要被处死的时候，他依然是这样，因为没有什么能让他感到苦恼和伤心的事。当他听见隔壁牢房里有一个新犯人在哼歌时，那是一首新歌，他就急忙请求唱歌的狱友教他那首新歌。

牢里的人都知道苏格拉底是死囚，刑期逼近。听了他的请求，唱歌的囚犯很吃惊：“您不知道自己马上就要被处决了吗？”

“我当然知道。”苏格拉底轻松地回答。

“那您为什么还要学新歌呢？”狱友不解地问。

苏格拉底却说：“这样我死的时候就多会一首歌。”

苏格拉底也很喜欢青年人，他认为青年人应当受到良好的教育。苏格拉底告诉青年人，越是禀赋好的人就越应该受教育。他说一个秉性好的人如同一匹烈性而桀骜不驯的良马，如果在小的时候不加以训练，就不会成为最有力、最骁勇的千里马，否则，将只能是难以驾驭的驽马了。苏格拉底说，只有愚人才认为财富能带来幸福，人活着不需要教育。他认为，幸福不在于财富，而在于知识。

据说，柏拉图有一个不到20岁的堂弟格老孔。格老孔整天朝思暮想、好高骛远、想入非非做一个城邦政府的领袖。他感觉很潇洒地面对许多人进行一次演讲就是一种荣耀。然而，这方面他确实是一个蠢驴，什么都不知道。家里人也都知道这一点，也害怕他突然有一天冒冒失失地闯上讲坛，丢人现眼，留下笑柄。可是谁能够说服他不那样去做呢？没有一个人能说服他。

苏格拉底知道后，就决定开导一下这位不知天高地厚的青年。

有一天，苏格拉底在大街上走着，正好碰见格老孔迎面走来。苏格拉底就喊道："喂，格老孔，听说你要做我们城邦的领袖了，这是真的吗？"

"是的。我的确是这样想的，苏格拉底。"格老孔回答。

"那好极了，如果雅典真有什么好事的话，这又是一桩好事了。如果你的目的能够实现，你想有什么就会有什么了；你可以帮助你的朋友，为祖国增光添彩，为家里光耀门楣，你的名声也会传遍整个希腊，甚至在异邦中也享有盛名。到那时，你无论走到哪里，都会受到都能够受到人们的爱戴和敬仰了！"

果然，当格老孔听到这一番话后，大为惊喜，激情澎湃，他内心的热火被点燃了，就停下来同苏格拉底交谈起来。

苏格拉底就接着说："格老孔，可是，如果你想要受到人们的尊敬和爱戴的话，你就必须对城邦有所贡献。只有这样别人才能宾服你，膜拜你！"

格老孔回答说："正像你所说的……"

于是苏格拉底就一步一步地探入格老孔的内心老底。他告诉格老孔要想做贡献就得首先让城邦富裕起来，而让城邦富裕的途径就是增加税收。格老孔很赞成苏格拉底的提法。可是，税收究竟从何而来？总数是多少？不足的补充来源究竟是什么？格老孔根本就没有思考过这些问题。之后，苏格拉底又问他应该怎样去治理国家，如削减开支、国防力量、粮食供应等。格老孔不是说没有考虑过就说这类事没必要自己亲自照管。

这时，格老孔表情极为难看，苏格拉底进一步开导他说："既然国家这么难治理，你为何不从一家着手做起呢？如果你能帮助一家，就可以着手帮助更多的人家，你可以先从增进你叔父家的福利来做呀！"

格老孔却说："如果我的叔父能听从我的劝告，我一定能让他们富裕起来。"

苏格拉底笑着说："如果你连你的叔父都说服不了，你又怎么去说服别人呢？更何况是整个雅典人？年轻人，要当心，你一心想要出名，可不要弄个适得其反啊！你要知道，在所有的事情上要有所建树的人，要受到人们的爱戴和尊敬的人都必须是那些知识最广博的人。反之，都是些最无知的人。如果你想真正地在雅典城邦享有盛名的话，你就应当去寻求更广博的知识来充实自己，用最美好的德行去提升自己。因为只有这样，你才能超越别人，达到你所期望的目标。"心比天高的格老孔就这样被苏格拉底说服了。

苏格拉底建立了一种探寻人性的美德和至善的东西，他一直致力于对人生本质和善德的挖掘与理解。他劝告人们要懂得去认识生活普遍的法则和"认识自己"，他认为人们在现实生活中获得的各种有益的道德规范、做事原则等等都是相对的，没有真理可言，只有探求普遍的、绝对的善的知识，把握住一般的真知识，才是人们最高的生活目的和至善的美德。

苏格拉底认为，一切不道德的行为都是无知的结果。一个人要想有道德就必须去获得知识，人们只有摆脱人欲、物欲的诱惑，不受后天经验的认识和局限，认识了真正的知识，才能有智慧、勇敢、节制和正义等美德。道德只能听凭心灵和神的安排，道德教育就是让人认识神和自己的内心，从而按神的意旨去做事。

苏格拉底的这种思想后来被安提斯泰尼继承和发展，形成了以禁欲的犬儒学派，而他的思想中快乐自由的思想，则被亚里斯提卜继承和发展，形成享乐的居勒尼学派。只有柏拉图全面继承了苏格拉底的伦理思想，并进一步系统化、理论化。

亚里士多德也认为最高的存在就是神也是来自苏格拉底。神是哲学的起源和归宿，所以苏格拉底相信神，敬畏神，认为人的灵魂，人的生死只不过是生命的聚散而已。戴罪的灵魂终会因肉体的污染而下沉，而净化的灵魂则会随着神性而上升。苏格拉底有着强烈的使命感和责任感，教育希腊人似乎已经成了神的旨意。他把自己看作神赐给雅典人的一个礼物，一只牛虻，一个肩负着神的使命助人从善爱智的使者。

苏格拉底之死，仿佛是一则寓言，一个谜。他的死，以一场浩大的审判，以法律正义的名义判处自己死刑，把自己生命的余烬，凝成一个死亡之谜，给后人留下了一道永远的谜。苏格拉底即使在临终前，还依然探寻真理，在死亡之中觅求真理，他的死仿佛是道德与法律的合谋。

苏格拉底被称为西方的孔子，他开创了一个新的时代，他对人的生命作了透彻的了解。雅典人的灵魂，将笼罩在这位老人孤独而顽强的身影下。苏格拉底去了，到他的神那里去了。“我去死，你们去活，究竟谁过得更幸福，唯有神知道。或我去死，你们去活，谁的去路好，唯有神知道。”千古岁月越去越远，一如历史的脚步一去不回，但苏格拉底这个老人的身影依然在我们的心目中飘荡。

他是哲学的圣徒和正义的殉道者。时至今日，都没有哪一位哲学家能像他一样痴恋于对真理孜孜不倦的追求。他把自己一生的光阴都花费在了真理之路上。他用自己的生命和“认识自我”的箴言唤醒了我们体认人生的、了知真相的激情，让我们在认识自我的迷茫之中，逐渐清醒。

也许舍掉外求，而转向内求，很少有人能够真正地认识自我，但至少苏格拉底提醒了我们什么才是人生真正所需要，什么才是一生所应追求的东西。

第三章

灵光独具的柏拉图

柏拉图认为，爱的真谛只有通过爱的嘴唇向我们传达她最深的秘密。爱是一种圆满，她不再需要什么，也不再缺少什么，爱从不占有任何东西，也不被任何东西占有，她拥有她自己就已经足够了。

爱仅仅只是一种温馨，幸福仅仅是一种爱的温馨，幸福是一种感觉，而爱是一种幸福的感觉。在这充满爱的世界里，彼此只是同一个灵魂的不同的肉体。他们没有春夏秋冬的交替，也没有喜怒哀乐的嬗变。在爱巢的温馨里，一个人可以开怀畅笑，但并不是忘乎所以，一个人可以悲痛欲绝，但并不是尽抛泪水。

柏拉图看到了爱情中最真实的东西、最永远的东西，真正的爱情是不需要以任何物质财富为代价的，完全是灵魂的结合、精神的交流。

爱一个人不是在爱她的肉体而是爱她的心灵、她的灵魂。也许一个正处芳龄的女孩，魅力四射，但真正的爱情即使在她人老珠黄、老态龙钟的时候，也依然是一如既往，始终如一。

真正的爱情就如同是水，清凉、空灵，淡淡的没有激情，但是持久、永恒，千年不老，万年不古。

柏拉图找到了爱情的真，爱是什么呢？爱就是一切，就像他的理念一样，永恒不变。爱水到渠成，爱瓜熟蒂落，爱可遇不可求，爱可言不可名。爱在情人之间，又远远超越于情人之间，爱像梦一样的甜美，而又像在梦中触摸情人的肌肤那样真切。

第一节 “认识终极真理”的柏拉图教学

初期教育应是一种娱乐，这样才更容易发现一个人天生的爱好。（柏拉图）

柏拉图的教学理论始终都是以他的哲学思想为根基的，所以我们要想了解他的教学理论，就不得不先知道他究竟持什么样的哲学思想。

柏拉图的哲学思想和巴门尼德的思想很相似，但又有所不同。柏拉图认为，这个世界是由“理念世界”和“现象世界”所组成的。也就是说由你所看得见的一切事物的表面现象和你看不见的一切事物的内在的本质组成。这和巴门尼德所说的，形形色色的事物的假象和唯一永恒不变的“一”应该是很相吻合的。但是巴门尼德所强调的思想和存在是同一，“冷”就是“不热”始终抓住真理的两个对照面，是柏拉图所未能做到的。

柏拉图明白最应当让人们知道的真理就是理念中的东西，所以他在教学中始终贯穿这一理念。他要每一个人都能在观照自己的时候，从肉体中读懂自己的灵魂。

和苏格拉底一样，他认为人的知识是先天具有的，知识就是对理念世界的回忆。一个婴儿从一生下来就已经具有了知识，只不过没有人把它激活，所以他并不知道自己拥有。他的这种认识很像我们的神话传说，人在生下的时候不仅仅是精子和卵子的结合，而更重要的是灵魂的转世和投胎。当灵魂下降到母性的肉体中时，就如同一个人喝了迷魂汤一样，不再有任何记忆，有关前世今生的一切都不能忆起，脑子里只是一片空白。

所以看似他懵懵懂懂，无所不知。其实，正如一个还没有睡醒的孩子一样，沉睡在永恒的真理之中。一旦，那真理一次又一次进行重复的召唤，他就会如梦初醒一般寻回内心的自我。

柏拉图用这种认识去教导学生，引导学生走自己的心灵之路，无异于苏格拉底的“产婆术”。

他认为学生是通过理念世界在现象世界的影子中才得以回忆起理念世界的，所以学生一定是在现象世界的刺激下，恍然梦醒。所以柏拉图要在教学过程中通过具体事物的感性启发，引起学生的回忆，经过反省和思维，再现出灵魂中固有的理念知识。

他认为一个幼儿，他的生活环境和早期的教育很重要。因为一个什么都没有接触过的人比信仰异教的人更容易接受真正的信仰。一个幼儿就好比是一片毫无字迹的白纸，无论你在上面涂抹什么都是很方便的，当然柏拉图的涂抹只是寻回他们灵魂中固有的知识。而一个心灵中已经充斥了许多后天的影响和塑造，蒙蔽了许多尘世的流言和飞尘的人就很难再找到先天中的自我了。

柏拉图的教学体系是很完善的，他规划了一个人一生的教育历程。如婴幼儿应当怎样在天性的自由下学习玩耍，青少年应当怎样在全面而完善的教学中认识世界，了解外在，最后用所学的知识深入地去挖掘真理，认识自我。

柏拉图的这种教育对后世留下了深远的影响，他提出的算术、几何、天文、音乐四科教育，成了古希腊课程体系的主干和导源，整整支配了欧洲的中等与高等教育1500多年的历史。

柏拉图认为每一门知识都是很重要的，都应该值得去学习的。他的这种广泛的学习犹如儒家的“格物致知”从外在的世界中去研究真理，当然也要冥思苦想，反思、沉思，观照内心。他认为关于理性的知识唯有凭借反思、沉思才能真正融会贯通，达到举一反三。

所以，柏拉图经常引导学生凝聚心思，结合学思，从一个理念到达另一个理念，并最终归结为理念。使他们在“苦思冥想”之后“茅塞顿开”，喜获“理性之乐”。

柏拉图的教学思想几乎涉及到了教学领域中的所有方法。他提出了全面、和谐发展的课程体系。他十分注重在教学中发展学生的思维能力，强调探讨事物的本质，他的这些教学理念都给后世教育家们以巨大的影响和启迪。

虽然他主张通过回忆和沉思冥想以达到寻回自身固有知识的目的，但是他的教学思想仍有许多不足之处。柏拉图背离了巴门尼德紧紧抓住真理的“一”不放手的精神，也没有走上“认识自己的无知才是真正的有知”的苏格拉底道路。太过于强调理念的世界了，殊不知真理就是“理念世界”和“现象世界”的合一，如同一个人是由灵魂和肉体的合一一样，如果只知道照顾灵魂的感受，那么没有了肉体人也会失去依托之所，而飘乎野外。佛陀就看清楚了这一点，《心经》中说“色不异空，空不异色，色即是空，空即是色”，“色”即是现象世界，而“空”即是理念世界，不能说“色”不同于“空”，也不能说“空”不同于“色”，“色”又是“空”，“空”又是“色”。真正的绝尘的灵魂不是超脱，而真正超脱的灵魂却从不绝尘。

第二节
理念论宇宙哲学——柏拉图主义

最有美德的人，是那些有美德而不从外表表现出来，仍然感到满足的人。（柏拉图）

柏拉图认识到，任何一种哲学都具有普遍性，真理就是囊括个人和大自然的所有万事万物的真理，并且这个真理永恒不变。

因为在他看来自然界所有有形的东西都是在流动的，如我们平常所说的“马”就是指一般意义上的“马”，而并没有具体指是哪一匹“马”。

因为某一匹特定的、有形的、存在于感官世界的马是“流动”的，会死亡，会腐烂。平常的那个“马”却是对一切有形马的抽象概括和独立于有形马的“理念”。

柏拉图认为，我们对那些经常变动的、日夜流动的事物不可能有真正的认识，因为它们只会使我们眼花缭乱，却不能让我们认识自然的本质。我们对它们只是一些意见和看法，而意见和看法会因人而异，因物而异，意见有可能错误，而真理是固定的和肯定的，不可能有错误的真理，因为真理是永恒的、固定的、不变的。我们唯一能够真正了解的就是“理念”。理念是存在的、永恒的，并比世界中的现象更实在、更完美，甚至是唯一真正实在和完美的实体。柏拉图的理念就是永恒的绝对者，它比个别事例更真实。而理念也只能由灵魂来认识。

灵魂是单一的，不能再进行分解的，灵魂有生命和自发性，是精神世界的、理性的、纯粹的东西，是一个有条理的灵魂。它有聪明、勇敢、克己和正直四种德行。灵魂一旦有了追求世界的欲望，就要堕落到地上与肉体合一而变为人，有理性的生活是至善的，人要想再回到那个原始状态的灵魂当中去，就必须摆脱欲望的纠缠，直到净化得一尘不染为止。

柏拉图在他的《理想国》中，就用了一个很生动形象的洞穴比喻来解释理念论：

有一群囚犯在一个洞穴中，他们手脚都被捆绑，也无法转身，只能背对着洞口。他们面前有一堵白墙，他们身后燃烧着一堆火。在那面白墙上他们看到了自己以及身后到火堆之间事物的影子，由于他们看不到任何其他东西，这群囚犯会以为影子就是真实的东西。最后，一个人挣脱了枷锁，并且摸索出了洞口。他第一次看到了真实的事物。他返回洞穴并试图向其他人解释，那些影子其实只是虚幻的事物，并向他们指明光明的道路。但是对于那些囚犯来说，那个人似乎比他逃出去之前更加愚蠢，并向他宣称，除了墙上的影子之外，世界上没有其他东西了。

柏拉图想用这个故事来告诉我们，阳光之下，自然之中，我们所看到的事物是多变的、流动的、不可信的。似乎我们感觉那个就是事物，我们的眼睛告诉我们，没有错，就是它，可是，我们万万没有想到，我们自己的眼睛也会欺骗自己。肉眼是不可信的，只有用内心去审视万物，才能从中得到真实的所在。

不会体察万物的人，就如同是一个蚂蚁日夜为自己的食物奔忙，而真正能够认识这一切的人，不仅能在真理的阳光下看到外部事物，还能从外物之中找到真理的"骨髓"。

阳光就好比是流动易变的外在，而投放阳光的太阳则是真理的"理念"。太阳才是真理和正义，正如一个思想家所说，"真理就好比是太阳，它能看我们，但我们却不能看它"。真正的哲学道理、正义我们只能看见它的外表，而不能窥探它的实质。

俗话说"读人之书，囿人之辞"，柏拉图就用他独特的"理念论"支撑着他全部的哲学。并且他还用这个理念论发展了一种适合并从属于他的政治见解和神学见解。

在政治上，柏拉图的《理想国》向我们描绘了一幅理想的乌托邦世界。柏拉图第一个提出了"哲学王"的理念。他认为，国家应当由哲学家来统治，因为哲学家遍通万事万物，他们了知一切宇宙人生的真相。既然哲学家能掌握最深奥的道理，那么让他们去治理国家简直还真的像老子说的话，"治大国如烹小鲜"。

他把理想国中的公民划分成了三个等级，分别是治国者、武士、劳动者。国家规模适中，一个人只要站在城中高处就能俯视全国，国民都以面相来识别。治国者代表着智慧，是管理国家的精英，他们均是德高望重的哲学家，能够认识理念，具有完美的德行和高超的智慧，明了正义的所在，他们依靠自己的哲学智慧和道德力量来统治国家；武士们代表着勇敢，辅助治国，用忠诚和勇敢来捍卫国家；劳动者代表着欲望，支撑着全国的物资所需。其中，治国者和武士都没有家产，柏拉图认为家产是一切私心邪念的根源。劳动者也不让拥有奢华的物品。治国者的高位可以被别人继承，但不一定非要“家天下”不可，柏拉图寻取禅让制和继承制的中道，治国者的后代可以培养成优秀的人才，而武士和劳动者的后代也可以被培养成治国者。

他还坚持“王子犯法与庶民同罪”的观点，认为，治国者的后代如有不肖，也有可能被降到普通人民的阶级。

他的理想国要求每一个人在社会上都应该有他自己的事干，每一个人都从各个方面满足着国家的需要。每一个人应该去做自己分内的事而不应该打扰到别人。

在理想国中，男女平等，都有着享受义务教育的权利。所有的国民从幼儿时起都要开始接受音乐、体育、数学到哲学的终身教育。即使教育内容也得经过严格审核才能通用，他还把荷马、赫西俄德的史诗以及悲剧诗人们的作品都踢出在外，他认为这些东西会毒害青年的心灵。柏拉图认为这才是“第一等好”的理想国，其他的政体都是这一理想政体的蜕变。

为达到理想国的目的柏拉图还有着一整套完整的理论。他在《律法》中指出，“宪法国家”是仅次于理想国的最好的国家。从理想上，他推崇哲学王的统治，“没有任何法律或条例比知识更有威力”；从现实出发，他又强调人类必须有法律并且遵守法律，否则他们就如同最野蛮的兽类一样放荡无忌，无所不为了。

他在12卷的《法律篇》中，就规划了他的“第二等好”的城邦，都详细地写到了地理环境、疆域大小、人口规模与来源、国家经济生活、阶级结构、政治制度、法律等。

他的“第二等好”的城邦不同于理想国，政治制度不再由哲学王执政，而是成了混合政体。也不再像理想国那样实行公产、公妻、公餐、公育制。人人都有了家庭，有了私有财产。

在宇宙观上，柏拉图认为鸿蒙未开，混沌一片，而混沌的开辟则是一个超自然的神的活动的结果。宇宙由混沌变得秩序井然，造物主为世界的有序安排做了规定，有序的变化就成了一种想当然的自然事件了。他的宇宙观是一种数学的宇宙观，他认为，宇宙是一个对称和完善的圆球，球面上的任何一点到中心的距离都是一样。宇宙是活的、运动的，周身做着一种圆周运动，有一个灵魂充溢全部空间。

他说，数学理论的真理性是由独立于现实之外的真实存在决定，而这种真理性是要靠“心智”经验来理解，靠某种“数学直觉”来认识的，人们只有通过直觉才能认识现象之外的真实世界。

由此，柏拉图主义也被称为“实在主义”。他这种“实在主义”影响了罗素、哥德尔等许多数学家，那些数学家也认为数学反映客观世界，数学具有客观真理性这一素朴信念在哲学上的反映。而正因为如此，柏拉图主义促使数学家们在自己的研究中采取客观的立场，也给予了人们以一定的信念。柏拉图主义是数学历史上影响最大的数学哲学观点。

柏拉图以理念论为中心，他的宇宙生成说，认识论上的回忆说，伦理与社会政治上的四主德与理想国的学说，美学上的“摹本”说，以及教育学说等，是欧洲哲学史上第一个庞大的客观唯心主义体系，对后世西方哲学的影响极大。

柏拉图主义后来由基督教教父奥古斯丁改造，成为基督教的哲学论证，服务于神学教义。

第三节
精神之恋——柏拉图式恋爱

爱情，只有情，可以使人敢于为所爱的人献出生命；这一点，不但男人能做到，而且女人也能做到。(柏拉图)

柏拉图借他的老师苏格拉底之口说出，当心灵拒绝肉体的诱惑而向往着真理的时候，思想是最纯洁、最美好、最神圣的。而当灵魂被肉体欲望熏染时，人们在追求真理的时候就如同坐道修身，稍有不慎就会走火入魔。

柏拉图式恋爱就是指的精神恋爱，只进行精神上的交流融合，而不进行肉体上的形交和媾和。当人没有肉欲的需求时，心境是平和的，精神是纯洁的，心灵的交流是美好的、是道德的。肉欲的需求却是内心的野兽冲出身外，迫切地要追求和另一方的结合以得到满足。

柏拉图认为真正的爱情只是属于精神上的爱情，而肉体的爱情是肮脏的、不纯洁的。爱情是神圣的东西，而肉欲的狂欢不是爱情，完美而真挚的爱情不需要肉欲的结合。他说，当一个人真正地爱着对方的时候，难道就是恨不得马上得到她的肉体吗？不会的，当一个人确实在爱着对方的时候，他完全不可能想到要和对方进行肉欲的狂欢。

柏拉图的这种神圣而纯洁的精神之爱，让我们今天的人们看来，是真的不可思议的。他坚信“真正”的爱情是一种持之以恒的爱意，而唯有时间才是爱情的试金石，唯有超凡脱俗的爱，才能经得起时间的考验。然而，究竟爱的真谛是什么？情为何物呢？

柏拉图认为，爱的真谛只有通过爱的嘴唇向我们传达她最深的秘密。

爱是一种圆满，她不再需要什么，也不再缺少什么，爱从不占有任何东西，也不被任何东西占有，她拥有她自己就已经足够了。

爱仅仅只是一种温馨，幸福仅仅是一种爱的温馨，幸福是一种感觉，而爱是一种幸福的感觉，在这充满爱的世界里，彼此只是同一个灵魂的不同的肉体，他们没有春夏秋冬的交替，也没有喜怒哀乐的嬗变，在爱巢的温馨里，一个人可以开怀畅笑，但并不是忘乎所以，一个人可以悲痛欲绝，但并不是尽抛泪水。

爱是渺小的，也是伟大的，从心灵中深发出来的浓香，是闻不出的，仅仅只能用心灵去呼吸，它小到孱弱的没有钟声的巨响，像深夜里那跳动的一朵灯光的笑容，融进了会心的默契。它大到如天地大海的浩瀚，再大的悲伤也可以在一个人的怀抱中找到温暖。

美国的一位学者就指出，柏拉图的爱情是一种灵交、神交，而非形交。爱情能够让人得到升华。对于一个高尚的男人来说，指导他行为就是爱情。世上再也没有任何一种情感能像爱情那样强烈如火，那样的深植人心。一个处在热恋中的人如果做错了什么事，他在他的父亲、兄弟和朋友面前的惭愧、自责，无地自容就没有在自己的爱人面前那样能找到关怀、理解和原谅。

柏拉图看到了爱情中最真实的东西、最永远的东西，真正的爱情是不需要以任何物质财富为代价的，完全是灵魂的结合、精神的交流。

爱一个人不是在爱她的肉体而是爱她的心灵，她的灵魂。也许一个正处芳龄的女孩，魅力四射，但真正的爱情即使在她人老珠黄、老态龙钟的时候，也依然是一如既往，始终如一。

你可以把她酝酿成酒，青年的爱情就是一瓶酒，又浓又烈，但终归要在醉酒中醒来；你可以把她作成礼花，在星空下火与火的亲吻在一刹那间就会烟消云散；你可以用她来泡茶，中年人的爱情就是一碗茶，又清又淡，有风有雨，有一种苦涩的酸甜；你也可以直接品尝这原汁原味的圣露，老年的爱情就是一杯水，啜之无味，但不得不啜，品味中自有一种淡淡的甜香。

在柏拉图看来，真正的爱情就如同是水，清凉、空灵，淡淡的没有激情，但是持久、永恒，千年不老，万年不古。

爱充盈于你我，但并不为你我所有，爱不在此岸也不在彼岸，在你我之间，在两岸之中随河水奔流，但永远不会枯竭。爱不是肉体的狂欢，而是心灵的共守，爱不是物质的丰盈，而是漫溢灵魂的清曲。她睥睨虚荣，她蔑视金钱，她对一切瞬息万变的假象不屑一顾，她不会让爱的双方为了她而消耗身体享受彼此，她不会让爱的你我因为她而在肉体上水乳交融。爱人像河岸，再靠近也不会合并，要让爱的河水从当中流过；爱人像两扇门，在亲密，也要给路人一个进出的空间；爱人像青松和翠柏，绝不会在相对的阴影下成长。那些古筝正是因为在彼此分开的一条条琴弦上才弹奏出美好的音乐。情人是彼此的拐杖，协调但不合拢。

爱并不高远，因为她不奢求，她知道得不到的总想要，而得到了的已不是她想要的了，爱并不高贵也不低俗，因为她知道土里面也有金子，彩虹只是稍纵即逝的幻影。

柏拉图找到了爱情的真，爱是什么呢？爱就是一切，就像他的理念一样，永恒不变。爱水到渠成，爱瓜熟蒂落，爱可遇不可求，爱可言不可名。爱在情人之间，又远远超越于情人之间，爱像梦一样的甜美，而又像咬手指头那样的真切。

当爱的双方在一起摘菜，一起洗碗时，爱就站在他们中间左观右看；当爱的双方在精神上依恋时，爱就在聆听；当爱的双方在互相关爱时，爱就在偷窥；夫妻相视而笑，并不言语，但爱已升华。

爱无时不在，爱无空不入，像一阵风，你摸不到也看不到，但她已经沁入你的灵府，像一分一秒，她虽没有太热烈的激情，但却也滴答……滴答个没完没了……

爱包容了道德、责任、义务，充满了人性的光芒。它是一种美好的感觉，是生活中的精神支柱，是浪漫温馨的温柔，是甜蜜快乐的幸福。爱情，无疑是使人向善、向上的力量。如但丁的贝雅特丽奇、彼特拉克的劳拉、薄伽丘的菲亚美达都是精神之恋，都让诗人激情澎湃去追求真的善和真的美。

柏拉图式爱情就是这种理想式的自由的精神恋爱，浪漫而又真实。相爱的双方是自愿的、绝不勉强的，无怨无悔地爱着所爱的人，无怨无悔地为所爱的人付出。站在爱人的身边，静静地付出，默默地守候。不奢望走近，也不祈求拥有，只有他们俩才是最完美的一对，也只有他的另一半和另一半的他结合才是真正的永恒、完美，纯洁无瑕！

爱，不是一种牺牲，也不是一种占有；爱什么也不需要，她只成全了自己。拥有爱情的时候，爱的双方都是自由的；失去爱情的时候，爱的双方也是自由的。爱就像风筝，要给予他晴蓝的天空，让他自由地飞翔，也要在依恋、思念的时候在梦中把他拉回。爱的自由如同人需要呼吸一样。距离和神秘感就变成了爱的保养和呵护。

在浊世之中，给心灵留出一方净土，让纯洁的柏拉图式恋爱漫溢心灵，从人性的光环中吸吮爱的甜美与永恒……

柏拉图知道爱情就是寻求男女两个一半的结合。因为人们生前和死后都在最真实的理念世界里，在那里，每个人都是男女合体的完整的人，而到了人间我们都一分为二。所以人们总觉得若有所失，总想找回自己的“另一半”。为了找回我们的另一半，身得圆满，实现完美，就去追逐恋情，执着爱情。

爱情只不过是寻找到自己的另一半的过程。你原本的另一半就是你最完美的对象。你在寻找着他/她，他/她也在世界的某个角落里正在寻找着你。

柏拉图式的爱情影响了一代又一代的西方人，是爱情史上的一座丰碑。他还曾在《会饮篇》中，提到了从低到高各种层次的爱，有凡人的爱，也有近神的爱。

柏拉图提到了这样一种神话：

起初，世界上有三种人，太阳之神代表的男人，大地之母代表的女人，以及月亮代表的阴阳人。人的官能和力量都是现在的两倍。宙斯为了削弱人类，把人劈成两半，一石两鸟，一方面个体人类只有原来一半那么强大，另一方面他们的数量加倍，由此可以更好地侍奉神族。所以，人类一直在寻找自己的“另一半”，原始的男人和女人的后代便有同性恋倾向，原始的阴阳人的后代便是异性恋倾向。一旦找到了自己的另一半，特别是两位男性之间，那么尽管很难说他们想从对方那里得到什么好处，但这样的结合推动着他们终生生活在一起，在他们的爱情中，那些纯粹的性快乐实在无法与他们从相陪伴中获得的巨大快乐相比。他们的灵魂实际上都在寻求某种别的东西，这种东西他们叫不出名字来，只能用隐晦的话语和预言式的谜语道出。

这一切其实都是人类最初完成状态的余留，我们从最初的本来状态中和宇宙一样，是完整的、完美的、纯洁的，是合二为一的，而我们现在对爱情的穷追不舍，也正是在企盼和追随那种原初的完整性。如柏拉图所说，我们现在都是被宙斯劈开了的一半人，也只有寻求另一半的结合才有完美可言。

而全体人类，包括所有男人与女人，他们的幸福只有一条路，那就是追求爱情，实现那唯一的至善的爱情追求。通过找到自己的伴侣来医治我们被分割了的本性和被分离了的圆满。

柏拉图认为，只要我们信奉爱神卡洛斯，卡洛斯将会在今后引导我们找到自己的恋人，让我们的内心实现圆满，并给我们的来世带来希望。只要我们敬畏诸神，那么爱神终归有一天会治愈我们的病，使我们这种狂热的状态回归到原初完整的状态，让我们生活在快乐和幸福之中。

爱神也是引导我们走向至善的导师。灵魂是爱的基础，至善是爱的终极追求。在《会饮篇》中，先知迪奥提玛就说道，爱就是对不朽的期盼，而一切可朽者都在尽力追求不朽。最低级的追求就是生息繁衍，延续轮回，而最高级的爱就是追求完满、至爱智慧和真理。

人的肉体是可朽的，唯有精神不朽。一个人的品格愈高尚，他的内心就越完美，因为他爱的是永恒。纯粹的、高尚的、以至善为最高目的、以智慧和哲学为追求对象的爱情是至上的、完美的爱情。沉浸在这种爱情中的两人关系才会更加牢固，情感才会更加和美。

精神思想上的真爱比他们肉体所创造出来的子女更加美丽、更加永恒。在这样永恒的思恋中，爱情是人生最至上的理想，其他一切的名利、门第、权柄都只不过是浮云罢了。

爱也是在美与丑、爱与怨、平凡与高贵的对流中升华的完美。爱神卡洛斯的诞生是贫乏之神趁着丰富之神醉酒的机会，接近爱与美之神阿佛洛狄忒并与之结合的产物。因此，卡洛斯是一个天生贫乏而又充满追求欲的孩子。他天生就处在两种极端之中，他的父亲贫穷而愚蠢，他的母亲富有而充满智慧，这就决定了他一生去追求智慧，视智慧为生命人生旅程。他是丰富和贫乏的结合，是有限的和不完美的，也是善和美的。爱神卡洛斯生在爱的一个罅缝中，他“处于任何常态和可描述的形态之间”，代表的是像“苏格拉底的无知”那样促使人向上的动力，获得智慧理想的内在力量。

爱情促使人产生一种追求幸福的欲望。这正是对话录千年不衰的迷人的佳话。

每一个人都需要爱情的滋润和浇灌，古今中外、男女老少，概莫能外。古代人的海誓山盟，现代人电话里的卿卿我我，网恋上的传情达意等等。

诚然，我们这些芸芸众生，天生都是肉眼凡胎，又如何体会人类最为高尚、最为圣洁、最为理想、最为自由、最为完美的爱情呢！那就用一颗追求完美、纯洁和高尚的心去寻求吧！

柏拉图是一位在西方的哲学史仅次于苏格拉底的大哲学家和思想家，他的许多哲学见解都很有深度，而且甚至都达到了通鬼神的地步。他能够了解到主宰过去、未来的东西，而一针见血地指出人生的意义和宇宙的真相及世界现象的虚幻。

从柏拉图的塑像上，也能够得知他是一位洞察力极深，影响力广泛的思想家。他提出的问题一直都是那么深远，甚至都没有人能够回答。当时许许多多的读者几乎都受到了他的影响。他创立的哲学体系在以后的历史进程中被称为柏拉图主义，而且还出现了新柏拉图主义。他在爱情上的认识就形成了柏拉图式的恋爱。也许只有亚里士多德、阿奎那和康德这些一流的大思想家才能理解他的思想吧！柏拉图的许多研究都成为西方文化的奠基文献。

即使在基督教神学盛行之时，柏拉图的思想依旧保持着固有的魅力，他还被称为西方哲学的奠基人。圣奥古斯丁就借用和改造了柏拉图的思想，用柏拉图的思想来解释神学，这同时也印证了一点，柏拉图的思想与基督教的教义具有异曲同工之妙，柏拉图个人的哲学思想居然能够达到上帝神学的高超领域，实属难能可贵。

第四章

思想卓绝的亚里士多德

亚里士多德是古希腊斯吉塔拉人，世界古代史上最伟大的哲学家、科学家和教育家之一。是柏拉图的学生，亚历山大的老师。他在雅典创办了吕克昂学校，他的学派被称为逍遥学派。马克思曾称亚里士多德是古希腊哲学家中最博学的人物，恩格斯称他是古代的黑格尔。

作为一位最伟大的、百科全书式的科学家，亚里士多德对世界的贡献无人可比。但他的成就远不止于此。他还是一位真正的哲学家，对哲学的几乎每个学科都作出了贡献。他的写作涉及伦理学、形而上学、心理学、经济学、神学、政治学、修辞学、自然科学、教育学、诗歌、风俗，以及雅典宪法。他的研究课题之一是搜集各国的宪法，并依此进行比较研究。

亚里士多德集中古代知识于一身，在他死后几百年中，没有一个人像他那样对知识有过系统考察和全面掌握。他的著作是古代的百科全书，他的思想曾经统治过全欧洲，他的思想改变了几乎全西方的哲学家。

第一节
一生博学的亚里士多德

在不幸中，有用的朋友更为必要；在幸运中，高尚的朋友更为必要。在不幸中，寻找朋友出于必需；在幸运中，寻找朋友出于高尚。（亚里士多德）

亚里士多德师承于柏拉图，他是柏拉图学院优秀的学生，曾经常和老师探讨哲学问题。当柏拉图死后，学院的新首脑赞成柏拉图的数学助学倾向，和亚里士多德意见不合。于是，他就愤然离开了学院。

亚里士多德生在奴隶主阶层，他的父亲是一位御医。

亚里士多德在 18 岁的时候就被父亲送到了柏拉图学院学习，他整整在柏拉图学院待了 20 年。20 年的历程，他把所有的青春岁月都交给了它，也就是这 20 年的生活和学习决定了他的一生，也成就了他的一生。

亚里士多德聪明博学，表现出众。老师柏拉图称他为“学园之灵”。这在当时看来，应当是最高的荣誉和褒奖了。

可是，亚里士多德做事也好，研究学问也好，都有自己独到的见解。他根本就不听从于权威，也从不把权威放在眼里。他和大谈玄理的老师不同，他为老师搜集了很多资料，为自己建成了一个很大的图书库。然而，他的老师柏拉图却不欣赏他的这种做法，讽刺他是一个书呆子。

在思想上，亚里士多德多次与柏拉图产生分歧。他曾经就说过，智慧不会随着柏拉图的死亡而死亡，“我爱我师，我更爱真理”。柏拉图晚年的时候，他们之间的分歧更大了，经常无形中就发生了争吵。

离开学园后，亚里士多德就在好友的邀请下，去了小亚细亚。亚里士多德在那里还娶了赫米阿斯的侄女为妻。但是在公元前 344 年的一次暴动中，赫米阿斯由于事前不知被别人陷害。鉴于安全和保卫自我的考虑，亚里士多德不得不和家人一起离开小亚细亚到米提利尼去。

时来运转，3 年后，亚里士多德就以博学多才著称而成为年仅 13 岁的亚历山大大帝的老师。亚里士多德就向这个年轻的小继承人，未来世界的领袖灌输了道德、政治以及哲学的思想。

这样，亚历山大的思想也多半是由亚里士多德影响而形成的。正是在亚里士多德的影响下，亚历山大大帝始终对科学事业非常的关心，对知识十分的尊重。

然而，和柏拉图一样，不幸的是，亚历山大的政治观点和他老师亚里士多德的思想大相径庭。亚里士多德的政治观是建筑在即将衰亡的希腊城邦的基础之上的，而亚历山大大帝却造就了野蛮人的发明，建立了中央集权的帝国。

伤心失望之余，亚里士多德就回到了雅典。在雅典他开始建立自己的学园，在那里经常和自己的学生一边在花园的林荫大道上散步，一边探讨哲学问题，他的这种浪漫的教学模式也由此被称为“亚里士多德派”。

亚里士多德的学园以阿波罗神殿附近的杀狼者来命名。他的这座吕克昂学园，占有阿波罗吕克昂神庙附近大片的场地和园林地区。他的学生亚历山大还曾给予他大量的帮助。据说，亚历山大为他的老师亚里士多德提供的研究费用竟然高达千百金，他还为老师提供了大量的人力。亚里士多德建立了当时第一流的图书馆和动植物园。亚历山大命令他的部下为亚里士多德收集动植物标本和其他资料。亚里士多德浩瀚的著作，也是在许多助手的帮助下完成的。他曾对一百五十八种政治制度作了概述和分析，这项工作所需要涉及的大量搜集整理工作，就耗费了许多的人力财力。

在此期间，亚里士多德一边授课，一边从事他的哲学理论研究。他在这一期间的著作很多，有关于自然和物理方面的，有关于自然科学和哲学方面的。他的作品大多是以课堂笔记为基础，有些甚至是他学生的课堂笔记。因此有人就把亚里士多德称为西方第一个教科书作者。

身在学园的亚里士多德并不太了解当时的政治风云。马其顿国王腓力二世打败了雅典、底比斯等国组成的反马其顿的联军，称霸了整个希腊。

次年，腓力召开全希腊会议，约定停止战争，建立同盟，并一致对外。他自任盟主，并宣布要统帅希腊联军，远征波斯。就这样希腊各邦已经名存实亡。

不久，狂妄的希腊霸主腓力被刺身亡。他的儿子，年仅 20 岁的亚历山大继承了王位。亚历山大拼着年轻的热血，在不到十年的时间里，打垮了号称百万的波斯大军，摧毁了古老的波斯帝国。

他就用这种野蛮的手段征服了世界，建立了一个空前庞大的西起希腊，东到印度河，南包埃及，北抵中亚的亚历山大帝国。

然而，轰轰烈烈的壮举也随着亚历山大的倒下而倒下了，亚历山大死后，他建立的帝国也随即解体，各邦混战不已，最终分裂成几个独立的王国。

我们知道亚历山大已去世，那么跟他有联系的人也都要受到株连。于是，他的老师更难逃责难和罪责。亚里士多德被指控不敬神，许多人都想弄死他而后快。在危机的形势之下，亚里士多德不得不逃到加而西斯避难。临逃之际，他把自己一手经营出来的学园交给狄奥弗拉斯图掌管。一年之后，终年 63 岁的亚里士多德，因积劳成疾，身染重病，不幸离世。

第二节
亚里士多德粹美闪光的思想

人生最终价值在于觉醒和思考的能力，而不只在于生存。（亚里士多德）

在哲学方面，亚里士多德的思想是中世纪基督教思想和伊斯兰经院派哲学的支柱。思想家阿威罗伊将伊斯兰的传统学说与亚里士多德的理性主义融合成自己的思想。犹太教的思想家迈蒙尼德用亚里士多德的理性主义来解释犹太教义，糅合了科学、哲学和宗教。

《形而上学》、《伦理学》、《政治学》和《分析前篇和后篇》等都是亚里士多德的重要著作。亚里士多德认为世界是由本身的形式与质料和谐一致的事物所组成的。“质料”是事物组成的材料，“形式”是每一件事物的个别特征。柏拉图认为感觉不可能是真实知识的源泉，亚里士多德却认为知识起源于感觉。

然而，他们师徒相同的一点是，他们都认为理性方案和目的是一切自然过程的指导原理。亚里士多德在接受了一些古希腊时期对因果性的看法，他的认识比柏拉图的更为丰富。他在《形而上学》中认为自然界有一种“原因”关系的存在，并且“原因”与“为什么”相对应，并不与“结果”相对应。这就是亚里士多德有名的四因说，即“目的因”、“物质因”、“动力因”和“形式因”。“物质因”就是指一个事物从一堆零件、成分、基础，或是原料所组成的存在形式，如形成一尊大理石雕像的大理石等原料便是物质因；

“形式因”指可以告诉我们一个事物是由什么样的定义、形式、形状、本质、综合或原形所构成的，如雕塑一尊大理石雕像的草稿或设计图就是其形式因；“动力因”是研究“是什么改变了什么、而又是什么造成了这个改变”，包括所有事物间的媒介，包括有生命的或无生命的、动力的起源或是被改变的事物，指的是改变事物的动力及起因，如将大理石雕刻为雕像的艺术家就是动力因；“目的因”指的则是一件事物包括有目的的行动和活动，所存在的原因、或是改变的原因。一件事物的目的因是它之所以存在的原因，这解释了现代的心理动机，包括意志、需求、动机、理性、非理性、伦理等动机，都是创造行为的来源，一尊完成了的大理石雕像就是艺术家的目的因。

亚里士多德在哲学上最大的贡献就在于他创立了形式逻辑这一学科。逻辑思维自始至终贯穿于他的研究、统计和思考之中，是他在众多领域建树卓越的支柱。

他在《诗学》上的思想也和他的哲学思想是分不开的，他还是贯穿了自己严谨的逻辑推理和自然科学方法及社会科学方法。他的《诗学》体现了他的这种方法论，是西方第一部从理论内容到理论形态都比较完整的美学、文论专著。《诗学》中的一般艺术原理揭示了“美的艺术”的本质特征，是古希腊发展对理论酝酿提出的要求。他的美学思想主要体现在《诗学》、《修辞学》、《形而上学》以及《政治学》等著作中。

在《诗学》中，他开宗明义地指出诗就是模仿，所以诗比历史更有哲学意味。他说：“史诗和悲剧、喜剧和酒神颂以及大部分双管箫乐和竖琴乐——这一切实际上是模仿，只是有三点差别，即模仿所用的媒介不同，所取的对象不同，所采的方式不同。”他这一模仿学说是否和柏拉图的“艺术的模仿是影子的影子”相同呢？同中有别，因为亚里士多德否定了他老师的“理念论”。

亚里士多德说：“因此诗的艺术与其说是疯狂的人的事业，毋宁说是有天才的人的事业；因为前者不正常，后者很灵敏。”他所谓的天才，就是一般诗人和艺术家所需的天才，而不是柏拉图所谓的爱智者或哲学家的天才。

除此之外，亚里士多德还指出了诗学的整一性、艺术的功能和悲剧心理学说、艺术起源说的特点。他特别强调了美的“整一性”，这种整一性，把许多美感的事物的美感和那种至高无上的善结合起来，把精美的一个事物与浑然一体的自然结合起来，连接了我们能够感觉到的那种美和超越了我们的思维所能感受的美，内在地炼化了美的艺术和艺术的美，表述了一种从具体到抽象的美学思想。而且，他明确肯定了艺术对“可然律和必然律”的揭示。

他的关于艺术起源的思想，是西方最早的艺术起源理论，与当代的某些艺术起源理论非常接近，即使在今天仍然具有当代的意义。朱光潜先生就评价亚里士多德的美学思想说：“最显著的是他从生物学里带来了有机整体的概念，从心理学里带来了艺术的心理根源和艺术对观众的心理影响两个重要的观点，从历史学里带来了艺术种类的起源、发展与转变的观点。”车尔尼雪夫斯基说：“亚里士多德是第一个以独立体系阐明美学概念的人，他的概念竟雄霸了二千余年。”

第三节
卓绝的成就，永远不老的智慧积淀

幸福就是至善。（亚里士多德）

亚里士多德一生成就卓著，博学多才。他的著作是古代的百科全书，他集古代知识于一身，在他死后的几百年里，都没有一个人能像他那样对知识有过系统的考察和全面的掌握。作为一个最伟大的、博学的、百科全书式的大科学家，亚里士多德对世界的贡献是无比惊人的。

他的思想改变了几乎全西方的哲学家，也曾统治过全欧洲。恩格斯就称他为“最博学的人”。

但他的成就却远不止于此。他是一位真正的哲学家，对哲学的每个学科他都进行了细致的研究和分析。如天文学、物理学、生物学、逻辑学、数学、教育学、政治学等，他均有涉猎；如伦理学、形而上学、心理学、经济学、神学、修辞学、自然科学、诗歌、风俗，以及雅典宪法等他也均有所作。他对世界的贡献之大，令人震惊。他至少撰写了170种著作。他的科学著作涉及天文学、动物学、胚胎学、地理学、地质学、物理学、解剖学、生理学，是当时的百科全书。总之，他的研究涉及古希腊人已知的各个领域。

在天文学上，亚里士多德认为天体都是球形的，地球也是球形的，并且就像说人是万物的主，而心是人的主一样，他提出地球就是宇宙的中心。并且他还说，地球是由水气火土组成的。他还提出了一个新概念叫“以太”，并且说地球外的其他天体由它组成。

在物理学上，亚里士多德不承认其他科学家所说的原子论，他认为肯定有真空存在。他凭自己的感觉经验还断言，如果一个物体没有给它的动力，那么它就会静止不动。他还说，在自由落体中，重的物体先落地，轻的物体最后着地。

虽然，亚里士多德当时的这些想法在我们现代人看来是如此的可笑。然而，敢于去研究并大胆探索就是对真理的执着的追求和极度的热忱。即使在当时看来也是先进的理念。

亚里士多德还犯了一个不容姑息的错误，“凡是运动的物体，一定有推动者在推着它运动——是建立在日常经验上。若你看到一个东西在移动，你就会寻找一个推动它的东西（像是我们的手、身体）。当没什么东西推它时，它就会停止移动，是一个推着一个，不能无限制地追溯上去，必然存在第一推动者”，中古世纪的基督教为了宣扬自己的教义，就把当时有名的思想家、科学家、哲学家的理论揽为己有。说什么亚里士多德的学说最终的结果无非就是归向上帝。他们利用伟人的成就作为基督教继续愚昧人们、封锁灵智的工具去压榨人们。

在以后的科学历程中，伽利略推翻了他关于下落物体的看法，牛顿也推翻了他物体只有在外力推动下才运动的说法，还用三棱镜推翻了他白色是最纯净的光的说法。亚里士多德的研究许多都是谬论，但是他的名声不是因为谬论而止步，反而越闻名。

在生物学上，亚里士多德善于用解剖来说明问题，他有一次就解剖了小鸡的五脏六腑，也解剖过鲸鱼观察、研究它们。虽然亚里士多德的研究既不高明也不专业，但是一直延续了一千多年，还是没有人能超过他。除了英国的达尔文以外，就再也没有人能高于他了。他虽然研究得不怎么精细，但是在那样一个年代，对五百多种不同的植物动物进行了分类，可以说也算是差强人意了吧！

亚里士多德还当过医师的学徒，曾经在勒斯波斯岛对海洋生物研究了三年，他的生物学知识广博，生物学史的各个方面几乎都得从亚里士多德开始。他是将生物学分门别类的第一人，也是详细叙述很多种动物生活史的第一人，写出了有关生殖生物学和生活史的第一本书，是比较法的创世人。

他是一个坚定的经验主义者。他肯定感官得到的知识，超过理智思考所得到的信息。亚里士多德的研究就是追究原因，他在“怎样”的问题上还提出了“为什么”的问题。

他始终都在发问，为什么有机体从一个受精卵就能发育成一个完整的形体呢？这用他哲学上的物质因来分析，是很不可思议的知识。他一直都在怀疑构成躯体的原材料是否具备发展成复杂有机体的能力。可是为什么它们竟然能够发展到那么复杂呢？

他把推动这些生物体发展的那个东西称为 eidos。这样他完全背离了他老师的观念和看法。柏拉图认定有一种外在的力量能解释自然界的神秘，特别是那些很复杂的东西，而亚里士多德却认为自然物始终都那样行走着、变化着、运行着，无论你承认它也好，不承认它也好，它是不会因人的意志的思维而变化的，它始终走着自己的那一条路，就像月球绕着地球转一样。

亚里士多德认为，任何的过程都有目的性。所以他研究自然总是带着目的性去研究。因此对亚里士多德来说，一切结构和生物性活动都具有生物学意义。

在亚里士多德以后的哲学界中，伊壁鸠鲁学派和斯多葛学派之间产生了分化。伊壁鸠鲁认为万物都由不变的原子构成，原子会不停地旋转并随机地相互碰撞。伊壁鸠鲁对生物和非生物世界作出了深思熟虑的研究，在这个基础上，他们开始思考事物发生、发展、变化了的原因。他们认为一切事物都是自然自身运行的结果，一切的生老病死、秋收冬藏都归于自然的作用。

斯多葛学派的观点和伊壁鸠鲁学派不同的是，他们相信神无处不在，而且他们觉得既然人类生活在这个世界上，那么世界也会因为人的存在而被改造的。他们认为，哲学的目的就是认识和了解世界，后来的自然神学就导源于斯多葛学派。斯多葛学派严格贯彻人类中心论，他们认为所有的事物既然存在，肯定有一定的目的，没有目的的事物肯定不存在，就像每天东升西落的太阳一样，不管是太阳围着地球转也好，还是地球围着太阳转也好，反正它们这样做肯定是有动机的，为了达到一个目的而这样去做。

在教育上，亚里士多德认为，教育的最终目的就是理性的发展。他觉得教育是国家的事，每一国家都应当对奴隶主子弟进行公共教育，以便使他们的身体、德行和智慧和谐地发展。

亚里士多德为学生设计了“百科全书”式的课程。他让学生在德、智、体、美上进行全面的发展。幼儿期以体育为主；少年期以音乐为核心、以德、智、美为主要内容；高年级以文法、修辞、诗歌、文学、哲学、伦理学、政治学以及算术、几何、天文、音乐等学科为主。他把重心都放在了发展学生的智力上。他特别强调音乐在培养儿童一般修养上的作用。

亚里士多德认为音乐可以陶冶性情、涵养理性，它能使人解除疲乏、精炼心智、激荡心灵、塑造性格，进而通过沉思进入理性的、高尚的道德境界。在体育教学中，他认为对儿童应该教“简便的体操”和“轻巧的武艺”，让儿童身体能够正常地发展。

在教学方法上，亚里士多德把练习与实践相结合，收到了很大的效果。在音乐教学中，他就安排儿童登台演奏、现场体验、提高水平；在师生关系上，亚里士多德在继承导师的基础上坚持真理、勇于挑战。并说出了他那“吾爱吾师，吾尤爱真理”的名言。

在教学中，亚里士多德更深化和拓展了柏拉图的灵魂论思想。他把人的灵魂分为非理性灵魂和理性灵魂两个部分。非理性灵魂是指本能、感觉、欲望等，理性灵魂是指思维、理解、认识等。他认为灵魂借助于感觉器官来感觉和思考从而感知外界事物，那被感觉的东西就是不以人的意志为转移的。在通向真理之路上，他又认为感觉只是起到诱发的作用，真理和知识只有在理性的思考下才能获得。因此，无论如何亚里士多德还是紧紧抓住了他所执的那个理性，把理性看得比什么都重要。

第五章

马可·奥勒留的沉思录

马可·奥勒留博学多才，在希腊文学和拉丁文学、修辞、哲学、法律、绘画方面受过很好的教育。他还是著名的哲学流派斯多葛学派的代表人物之一。

马可·奥勒留是一位著名的“帝王哲学家”，是西方历史上唯一的一位哲学家皇帝。在柏拉图半个世纪之后，马可·奥勒留诞生了。柏拉图曾经在自己的《理想国》中描绘了一个治国者的角色，他认为治国者都应当是哲学家，他们用自己的美德与智慧管理国家。

也许令柏拉图万万没有想到的是，在半个多世纪之后，他理想中的人物终于诞生了，而且就在他自己的故土希腊诞生了。虽然罗马帝国皇帝奥勒留与柏拉图理想国中的皇帝相去甚远，但对柏拉图而言，这也许就是一种安慰吧！

马可·奥勒留是一个比他的帝国更加完美的人，他自己说“不对的事不用做，不真实的话不必说”。他一生中不断写下了自己的心灵寄语，著就了永悬后世的《沉思录》。

虽然他已经远去了，但是他却成了柏拉图《理想国》的“实践者”，他的《沉思录》却成为西方历史上最为感人的伟大名著。

《沉思录》是古罗马唯一一位哲学家皇帝马可·奥勒留在鞍马劳顿中写成的，是他写给自己的一本书。《沉思录》来自他对身羁宫廷的形骸和身处乱世的感受，是他追求一种冷静而达观的生活的写照和印证。

第一节
“帝王一生，思想一世”的马可·奥勒留

你碰到的外部事物使你分心吗？给出时间来学习新的和好的东西而停止兜圈子吧。但你也必须避免被带到另一条道路。因为那些在生活中被自己的活动弄得筋疲力尽的人也是放浪者，他们没有目标来引导每一个行为，总之，他们的所有思想都是无目的的。（奥勒留）

马可·奥勒留从小就有着探求万事万物的浓厚兴趣，11岁的小马可·奥勒留，就穿起了古代希腊与罗马哲学家们常穿着简陋的长袍，模仿他们的生活方式。他出生在一个很有政治势力也很富有的家庭。小的时候因被罗马皇帝哈德良注意，受到特殊的教育。六岁即升为骑士，七岁入学于罗马的萨利圣学院修学，并在这里得到各种文化中精英的教育。

少年的他由于得到了当时世界上最好的教化，所以他的心智超达，智慧卓绝。他在写给自己的那本书《沉思录》的第一篇中，就列举了一串他深深崇拜或深受其影响的人。他们分别是自己的祖父、父亲、母亲、家庭教师和一些哲学家。

然而，令人奇怪的是，他列举的自己得到的教益却都是自己否定了的道理。如，他母亲教给他不要以怨报怨，要以德报怨，心中不能有报复别人的念头。他的教师就给他说“学会了不在运动场上加入某一方——无论是蓝队还是绿队，也不要为格斗比赛的任何一

方叫好——无论他们是执方盾还是圆盾”；拉斯提库斯就告诫他“不要因为虚荣而撰写冥思玄想的文字，或慷慨陈词地谈论道德，不要故作热情洋溢”；阿波罗尼乌斯教导他“不要让心依赖于偶然机遇”……

青年时期的奥勒留有智有谋，博学多才，曾三度出任执政官，并在40岁的时候被前朝的皇帝哈德良推上了政坛，成为拥有全权的皇帝。可是，他却坚持同养兄维勒斯一道继承皇帝之位，形成罗马帝国的历史上第一次由两位具有同等地位和权力的皇帝共执朝政。马可·奥勒留与安东尼·派厄斯的女儿福斯泰娜结婚，共生有11个孩子。据说，他是一个著名的将军，驻叙利亚的副将卡希厄斯发动叛乱时，他表现出了极大的宽宏大量。但他对基督徒态度比较严厉，曾颁布过一道反对基督徒的诏书。

在他执政时期，战争不断、灾害频繁、瘟疫泛滥、人们遭殃。为了摆脱内忧外患，他为治理帝国日理万机，夙兴夜寐，并为了体恤民情颁布了大量的法令，从民法当中删除不合理的条款。他还发动了对亚美尼亚的征战，与此同时，他成功地把日耳曼游掠部族赶出罗马领土。

作为统帅，奥勒留为平定兵患，征战四方枕戈待旦，并没有过一天皇帝舒坦的日子，而是在战场上度过了他多半生的岁月。

连年的战争、瘟疫、饥荒使国家变得凋敝不堪，更何况，奥列里乌斯在位时国库就已经亏空。马可·奥勒留虽然贵为皇帝，但国库消耗，战争的花费，民众的赈济也使他的生活日渐拮据。

他的帝国在多年来一直都动荡不安，危机四伏，加之军队内讧，灾害频繁，他为帝国熬干了心血。他的生活大多数时间就是在战车的转动下度过的。

尽管所到之处，他的士兵、民众都在高呼“皇帝万岁”，然而，奥勒留本人明白，他的来日已不多了，那种壮士一去不复还的悲怆顿时涌上心头。一般而言，皇帝是最孤独的，所以自称寡人，然而，作为万万人之上的皇帝——奥勒留却拥有许多知心的朋友，甚至在他去世的三天前他们还在一起谈论宇宙、神灵与人生的深奥哲理。

罗马城外，风把旗帜吹得猎猎作响，他深情地与朋友一一握手，就像生离死别一样。虽然那场战役最终取得了胜利，奥勒留却在胜利的喜讯中撒手人寰。

在位将近二十年的马可·奥勒留，却处在一个战乱不断、灾难频繁的时期，洪水、地震、瘟疫再加上东方安息人的战争始终像魔鬼的阴影一样困扰着帝国，阴魂不散。在多瑙河进逼的北方马尔克马奈人，贫困的加深、经济的日益衰落和内部不断的叛乱，使罗马人口锐减，即使马可·奥勒留拥有强大的智慧、完善的美德以及无限的神力，也不能避免在罗马帝国的边疆或行省的军事里苦熬日夜。

奥勒留虽然一生殊荣，身登至尊，但是他戎马一生，没有过一天平静的日子。奥勒留其实并不喜欢这种万人之上的尊贵生活，他喜欢平淡自然、安闲自适的乡村生活，他觉得那种生活才是真正的生活。正如他为自己所写的书《沉思录》中所说，“你错待了自己，你错待了自己，我的灵魂，而你将不再有机会来荣耀自身。每个人的生命都是足够的，但你的生命却已近尾声，你的灵魂却还不去关照自身，而是把你的幸福寄予别的灵魂。”

罗素就曾经评价马可·奥勒留道：“马可·奥勒留是一个悲怆的人；在一系列必须加以抗拒的欲望里，他感到其中最具有吸引力的就是想要引退去过一种宁静的乡村生活的那种愿望。但是实现这种愿望的机会始终没有来临。”

马可·奥勒留博学多才，在希腊文学和拉丁文学、修辞、哲学、法律、绘画方面受过很好的教育。他还是著名的哲学流派斯多葛学派的代表人物之一。

马可·奥勒留是一位著名的“帝王哲学家”，是西方历史上唯一的一位哲学家皇帝。在柏拉图半个世纪之后，马可·奥勒留诞生了。柏拉图曾经在自己的《理想国》中描绘了一个治国者的角色，他认为治国者都应当是哲学家，他们用自己的美德与智慧管理国家。

也许令柏拉图万万没有想到的是，在半个多世纪之后，他理想中的人物终于诞生了，而且就在他自己的故土希腊诞生了。虽然罗马帝国皇帝奥勒留与柏拉图理想国中的皇帝相去甚远，但对柏拉图而言，这也许就是一种安慰吧！

马可·奥勒留是一个比他的帝国更加完美的人，他自己说“不对的事不用做，不真实的话不必说”。他一生中不断写下了自己的心灵寄语，著就了永悬后世的《沉思录》。

虽然他已经远去了，但是他却成了柏拉图《理想国》的“实践者”，他的《沉思录》却成为西方历史上最为感人的伟大名著。

第二节 留给世人的智慧宝典——《沉思录》

任何人失去的不是什么别的生活，而只是他现在所过的生活；任何人所过的也不是什么别的生活，而只是他现在失去的生活。最长和最短的生命就如此成为同一……唯一能从一个人那里夺走的只是现在。如果这是真的，即一个人只拥有现在，那么一个人就不可能丧失一件他并不拥有的东西。（奥勒留）

《沉思录》是古罗马唯一一位哲学家皇帝马可·奥勒留在鞍马劳顿中写成的，是他写给自己的一本书。《沉思录》来自他对身羁宫廷的形骸和身处乱世的感受，是他追求一种冷静而达观的生活的写照和印证。

马可·奥勒留在这本书中贯穿了简单自然的规律——广义供需关系。也许这个规律算不上哲学，但是无论你在《圣经》或者任何其他一本书中，都能够找到他的这种思想痕迹。

《沉思录》这本写给自己的书，共十二卷，大部分写的是自己与自己的心灵对话。由于马可·奥勒留是斯多葛派哲学的代表，所以他在《沉思录》中写了很多斯多葛派的哲学观点。

伦理学是斯多葛派哲学的核心，它把宇宙论和伦理学融为一体，认为宇宙是一个有秩序的、完善的、美好的整体，并都趋向于同一个目的。人是整个宇宙的一份，一小分子，是神圣的火焰中迸发出的一个小火花。

斯多葛派认为，一个人也可以说是一个小宇宙，是具有宇宙本性的一个个体的存在，他的本性与万有的本性是和谐统一的，也是同一的。所以，一个人的目的与神圣的目的走向一个道路，人在大宇宙中展现自己作为一个小宇宙的多姿多彩，力求使自己在宇宙的大海洋中得到完善和自足。为此，他必须让自己的灵魂清醒，让理性统率自己，正如它统率着整个世界一样。

所以斯多葛派要求人们，要遵从自然而生活，或者说，就是按照自己的本性生活。在这里斯多葛派所指的本性就是理性，而理性也就是具有普遍意义上的逻各斯，逻各斯可以理解为中国老子的“道”。自然而然，那么自然——本性——理性——法——逻各斯就是具有相通相同意义的。而作为一种理性存在物的人的自然本性，就是分享这一普遍理性的理性，一种能认识这一普遍理性的理性。

马可·奥勒留在《沉思录》中常常讲到一个人身外和身内的神，讲到身外的神时，他说神把一部分的神性下降到人身上了，就如同一个人一出生就有人性一样，是与生俱来的。人也可以凭着自己内心的神来认识身外的神，来领悟神的旨意和预言。

总之，在斯多葛派哲学家的眼里，宇宙就是一个浑然和谐的宇宙，世界是一个井然有序的世界。正如《沉思录》中所说：

所有的事物都是相互联结的，这一纽带是神圣的，几乎没有一个事物与任一别的事物没有联系。因为事物都是合作的，它们结合起来形成同一宇宙（秩序）。因为有一个由所有事物组成的宇宙，有一个遍及所有事物的神，有一个实体，一种法，一个对所有有理智的动物都是共同的理性、一个真理；如果也确实有一种所有动物的完善的话，那么它是同一根源、分享着同一理性。

如果说低等的东西都是为了高等的东西的存在而存在的，那么，有理性的存在，或者说理性的动物是为什么的存在而存在呢？

马可·奥勒留认为，理性的动物是彼此为了对方的存在而存在的，所以，他的意思也就是说，人应当互相友爱，每一个人都要对自己的同类友好，因为他们来自同一条根，从生于一个神源，趋向同一目标。

这样，就把人引到了另一根本性质——社会性，人既是一种理性动物、政治动物，也是一种社会动物。

马可·奥勒留认为，在人和别的事物之间有三种联系，一种是与环绕着他的物体的联系；一种是与所有事物所由产生的神圣原因的联系；一种是与那些和他们生活在一起的人的联系。相应地，人也有责任和义务，人应当相互尊重、友爱和虔诚。对自己的身体和外物，斯多葛派一直认为只是暂时忍受的一副皮囊罢了，就如同过河或到大海彼岸的一只小船，人到了彼岸就会舍筏登岸了，那么小船也就自然被抛弃了，没有用了。

在这一方面，斯多葛派和苏格拉底持有同样的观点，身体的确是我们所需要的，如果没有了身体，那么灵魂也会站不住脚跟。要紧的是不要让身体妨碍灵魂，不要让它的欲望或痛苦使灵魂纷扰不安，以致把灵魂染指，甚至把它拉到罪恶的深渊而欲拔弥深。

斯多葛派哲学家都很重视整体、重视义务。他们知道一个人不能脱离社会、脱离整体而存在。如果一个人使自己脱离他人，或做出反社会的事情来，那就好比是把自己变成一只手，或一只脚一样没有了灵性和生命。

人作为宇宙的一分子、社会的一个个体，一个人不能够去抱怨，要去忍受接受，宽容大度。因为，如果凡是为了整体的利益而去做的事，那么对于个体也就不会有伤害。不损害国家的事情，也肯定不会损害到公民。

马可·奥勒留说，我们每天也许都会碰到各种各样不好的人，但是，他们和我们都是同类，所以，我们仍然要善待他们，容忍他们。不要以恶报恶，而是要忍耐和宽容，人天生就要忍受一切，这就是一个人应当去做到的德性。

如果让恶人不作恶，就像让无花果树不结果一样是不可能的。只有善人和有德性的人才能感化社会，才能化成天下。我们只要能做到自己本分的事情就已经足够了，对于其他的事情完全不要操心，我们要让自己升华，让自己变得高贵、仁爱和真诚。

一个人的德性、解脱比整个社会的道德改造更为重要，因为一个人是社会的一分子，只有个体完美了，完善了，那么整体才会走向融合和完美。一个人的失意、痛苦、疾病、死亡和社会上的丑恶现象等，是我们作为一个个体的人所无法左右的，这些都是命定的因素或神的安排。我们只要做在自我力量范围之内的事情，按照自己的本性去生活，做一个正直、高尚、有道德的人，那就是最大的善、至上的美了。

没有任何人能够阻止我那样做，也没有任何人能强迫我去干坏事，我也不会那样去做，这就是一个人的修养和德性。在斯多葛派哲人对德行的强调中确实有许多感人的东西。如，马可·奥勒留谈到德性是不要求报酬的，是不希望别人知道的，不仅要使行为高贵，而且要使动机纯正，要摈弃一切无用和琐屑的思想。而且，不仅要思考善、思考光明磊落的事情，还要付诸行动，只有用行动去践行自己的诺言，才算得上是真正完美的人、真正超达的人。

斯多葛派哲人所追求的就是这种摆脱了激情和欲望，过着一种安贫乐道、闲适恬淡、逍遥自足的达观生活。他们认为，不存在恶，如果真的存在那只能说明自己内心的存在，同样痛苦和不安也并不存在，如果存在那是痛苦不安的内心在作怪。真正的善与恶是不存在的，真正的幸福与痛苦也是不存在的，他们一再超越自己，使自己促向融合，走向合一。人本来的内心和灵魂是自性圆满，没有欢乐、痛苦、善恶、美丑可言。

他们追求的生活如同中国的田园派大诗人陶渊明，躬耕田园，与世无争，从事劳作，退隐心灵，保持自己精神世界的宁静一隅。

虽然，奴隶出身的埃比克泰德和皇帝出身的马可·奥勒留地位悬殊，但他们的精神生活却相当一致。马可·奥勒留作为柏拉图所梦想的"哲学王"，他的政绩、他所治理的国家状况和理想状况相去甚远。所以，我们看到了斯多葛派哲学精神的巨大力量，他们的这种精神可以完全独立于环境而存在，在自己的内心里寻找一个逃避喧嚣、纷乱世界的宁静处所，在那里找到一片灵魂栖息的修养之地。

此外，我们也看到，在斯多葛派哲学中有令人感动的对道德人格的高扬，但也有对社会的退让和回避。它也许永远不失为一条退路，可是对于一个朝气蓬勃、锐意进取的青年人来说，尤其是生命力洋溢的青年人来说，如果走上了这条路那未免太为可惜、太为遗憾了！不过，如果他真正的能踏上这一条路，并一直走下去的话，也值得我们为他喝彩。因为他竟然能用一颗年轻的心参透人生的真相，寻回人生的大道归途，实在是难能可贵啊！

《沉思录》处处都闪烁着奥勒留的智慧箴言和心灵寄语，他说他在老师那里学会了事必躬亲、忍受劳作、清心寡欲，他知道了不干涉他人事务和不轻信流言诽谤的重要性；从戴奥吉纳图斯那里，他说，他不能使自己碌碌琐事，他也不能相信那些巫师的迷信，什么驱除鬼怪精灵，什么帮人除魔降妖都是虚伪的谎言。奥勒留懂得谦让、勇敢、沉着，他喜欢亲近哲学，接近思想家。在希腊的前几代大思想家、大哲学家那里吸收了不少的东西。

马可·奥勒留从拉斯蒂克斯领悟到，做人要真诚、仁慈、谦卑、朴素，中道而立，做事要慎重果断，说话要谨慎少言。他还非常感谢拉斯蒂克斯使他熟悉了埃比克太德的言论，使他受益匪浅。

在所有有益于他的人之中，也许他的父亲于他的印象最深吧，对于他的父亲，奥勒留就曾经写道：

在我的父亲那里，我看到了一种温柔的气质，和在他经过适当的考虑之后对所决定的事情的不可更改的决心；在世人认为光荣的事情上他毫无骄矜之心，热爱劳作，持之以恒，乐意倾听对公共福利提出的建议；在论功行赏方面毫不动摇，并拥有一种从经验中获得的辨别精力充沛和软弱无力的行动的知识。我注意到他克服了对孩子的所有激情；他把自己视为与任何别的公民一样平等的公民；他解除了他的朋友要与他一起喝茶，或者在他去国外时必须觐见他的所有义务，那些由于紧急事务而没有陪伴他的人，总是发现他对他们一如往常。我也看到了他仔细探讨所有需要考虑的事情的习惯，他坚持不懈，决不因对初步印象的满足就停止他的探究；他有一种保持友谊的气质，不会很快厌倦朋友，同时又不放纵自己的柔情；他对所有环境都感到满足和快乐；能不夸示地显微知著，富有远见；他直接阻止流行的赞颂和一切谄媚；对帝国的管理所需要的事务保持警醒，善于量入为出，精打细算，并耐心地忍受由此而来的责难；他不迷信神灵，也不以赏赐、娱乐或奉承大众而对人们献殷勤；他在所有事情上都显示出一种清醒和坚定，不表现任何卑贱的思想或行为，也不好新骛奇。对于幸运所赐的丰富的有益于生命的东西，他不炫耀也不推辞，所以，当他拥有这些东西时，他享受它们且毫不做作；而当他没有这些东西时，他也不渴求它们。没有人能说他像一个诡辩家、一个能说会道的家奴，或者卖弄学问的人，而都承认他是成熟的人、完善的人，不受奉承的影响，能够安排他自己和别人事务的人。除此之外，他尊重那些真正的哲学家，他不谴责那些自称是哲学家的人，同时又不易受他们的影响。他在社交方面也是容易相处的，他使人感到惬意且毫无损人的装腔作势。他对他的身体健康有一种合理的关心，他既不是太依恋生命，又不是对个人的形象漠不关心（虽然还是有点漫不经心），但他通过自己的注意，仍然很少需要看医生、吃药或进补品。他很乐意并毫无嫉妒心地给拥有任何特殊才能的人开路，像那些具有雄辩才能或拥有法律、道德等知识的人，他给他们以帮助，使每个人都能依其长处而享有名声；他总是按照他的国家的制度行事并毫不做作。

我为我有好的祖辈、好的父母、好的姐妹、好的教师、好的同伴、好的亲朋和几乎好的一切而感谢神明。我也为此而感谢神明：我没有卷入对他们任何一个人的冒犯。虽然我有这样一种气质，如果有机会是可能使我做出这种事情的，但是，由于他们的好意，还没有这种机缘凑巧使我经受这种考验。

马可·奥勒留还说道：不论我是一个什么人，我只不过是一具肉体，当我在这个世界的旅程结束之时，我就舍掉这具肉体，就像从旅馆中退房一样。当你快要死亡的时候，你就会明白，你在人世间的一切都要结束，你什么也不会带走，你唯一能带走的只有“无”。你的肉体也因为没有了你这个灵魂会很快腐烂。肉体是一具可臭的东西，早晚都要舍掉……轻视肉体吧，因为它只是渡我们过河的小船！只要我们能够顺利到达彼岸那就是幸福。

仔细想一想呼吸，它究竟是一种什么东西呢？空气，我们既看不见也摸不到，但它的确存在，就像真理一样，它能眷顾我们，而我们却不能认识了解它。一个人只是一种流程，一个轨迹，一种重复！一个人并不会拥有什么，如果说拥有，那么也只是在现在中提取灵魂的营养。

只要是从神那里走来的人无不具有神性的一面，那些来自于天性中的东西没有我们在自己的本性里所找不到的，而是与神性一脉相承。一个人只是一个小小的宇宙，宇宙所具有的东西，在每一个人身上也能够找到。不要去抱怨生活，也不要去抱怨命运，因为今世的你最清楚，而你所不清楚的地方是你前世的所为。不怨天，不尤人，在欢乐、真诚中衷心地感谢神灵就足够了。

马可·奥勒留说：

记住你已经把这些事情推迟得够久了，你从神灵得到的一切已经够多了，但你没有利用它。你必须领悟的是，你仅仅只是其中一部分的宇宙，领悟那个你的存在只是其中分化流逝的宇宙；你只有有限的时间，因为你是有限的生命，如果你不用这段时间来清除你灵感上的阴霾，那么它将会逝去，你亦将逝去，你灵魂的阴霾将会永远存在。

每时每刻都要坚定地思考，就像一个人有完整而朴实的尊严，怀着友爱、自由和正义之情感去做手头要做的事。你要摆脱所有别的思想。如果你做你生活中的每一个行为都排除所有虚伪、自爱和对给你的那一份不满之情，你就将使自己得到解脱。

你应当看到一个人只要把握一点很少很少的东西就能过一种宁静祥和、安然自适的生活，就会像神一样逍遥自在。

虽然《沉思录》并没有像基督教那样，对彼岸有很多许诺，但是在彼岸中德性的自足自身就是一种圆满了。斯多葛派哲学虽然不可能像有些理论那样对社会制度的变革和改善发生直接的影响，但是，它其中所蕴涵的那种胸襟博大的世界主义，那种有关自然法和天赋人权、众生平等的学说，却超过了漫长的时代，对近现代的社会政治理论及实践仍然产生着巨大的影响。

一位名叫费迪曼的学者就在自己的《一生的读书计划》中称，《沉思录》有一种不可思议的魅力，它甜美、忧郁和高贵。这部黄金之书以庄严不屈的精神负起做人的重荷，直接帮助人们去过更加美好的生活。

法国的雷朗也曾说道，马克·奥勒留使人有这么一种朴实的信仰：面对宇宙自然，一颗高贵的道德良心，是任何种族、国家，是任何革命、任何迁流、任何发现都不能改变的。

马可·奥勒留的《沉思录》不能不说，它是作者智慧的结品。盖瑞·威尔斯在《纽约书评》中曾说："1992 年，我问克林顿，除了《圣经》，哪本书对他影响最大。他略微沉思了一下，回答说：

‘马可·奥勒留的《沉思录》。’”

何怀宏也曾说道，这不是一本时髦的书，而是一本经久的书，买来不一定马上读，但一定会有需要读它的时候。近两千年前有一个人写下了它，再过两千年一定也还会有人去读它。

中国国务院总理温家宝曾经在一次出访新加坡时说道：“昨天一个新加坡孔学会的人问我对孔子的思想的看法时，我说，‘那些曾经赫赫有名的人物都到哪里去了，他们像一缕青烟消失了。’”

这句话就是马可·奥勒留在他的《沉思录》中说的。“这是书中最经典的一句话。这本书天天放在我的床头，我可能读了有100遍，天天都在读。”温总理说道，“我深思以后又加了一句。我说，永恒的是人民和人民创造的历史，人民创造的财富，还有他们留给世界的伟大的思想。中国是一个又老又新的国家，有五千年历史。但是，‘周虽旧邦，其命唯新。’只有不断改革，不断开放，中国才能大踏步地继续前进，使我们这个古老的文明古国焕发青春。”

伟大的智者也许只有在智者的眼里才会闪光发亮，在温总理的一席话之后，许多人也都成了《沉思录》的追随者。

第六章

圣师圣·奥古斯丁

每一个人的灵魂中，都有一种自在的重量推动着它去寻找自己的归宿，这种重量就是爱。“这样看来，对人来说，爱不是某种偶然或附加的东西，而是内在于他的本质的一种力量，就像落石中的重力一样。”爱是一种内在的东西，深藏于人们的灵魂当中，不是外在的强加和要求，是内在的富有和丰满。爱在宇宙中是普遍存在的，所有的事物都处在爱中，都在寻找属于它“自己的家”。

“爱实在不过是为了自身的缘故对某物的渴求。”爱就意味着一种欲求，目的是为了得到对象使自己获得幸福。爱所指向的对象是一种“善”，它能使人获得幸福。

上帝把这样一种渴望放在了人的本性中。“你造我们是为了你自己，我们的心若不安息在你的怀中，便不得安宁。”但是，在实际的生存中，人选择什么对象来满足自己的幸福却是一个问题。“我们每个人当然都渴望生活得幸福……但是在我看来，幸福既不属于那些不能拥有他们所爱的，也不属于那些拥有他们的所爱，但所爱的东西却是有害的，也不属于那些拥有完美的东西，但却不爱他们所拥有的。”只有当人既爱最值得爱的东西，即“至善”的时候，又拥有它时，人才能真正获得幸福。

第一节
“基督圣师”圣·奥古斯丁

信仰是去相信我们所未见到的，而这种信仰的结果，是看见我们所相信的。（圣·奥古斯丁）

不同于其他的哲学家和思想家的是，奥古斯丁是基督教思想家，基督教神学、教父哲学的代表人物。他被封为圣人和圣师，他的理论是宗教改革的救赎和恩典思想的源头。

奥古斯丁是教父思想的集大成者。他的代表作《忏悔录》、《论三位一体》、《上帝之城》、《论自由意志》、《论美与适合》等堪称神学百科全书。他的美学思想就体现在神学著作和《忏悔录》中。

奥古斯丁在北非出生，他的父亲是一个很有地位的异教徒，财产不多，但却为人懒散、苟且偷安、贪恋世俗之乐，直到临终的时候才信奉基督，接受洗礼。奥古斯丁的母亲莫尼加却是一个很忠诚、很虔诚的基督徒。她很关心儿子的未来前程的发展，甚至经常为他在神前泣泪代祷。她也曾经对在基督教信仰上已经死去的儿子深恶痛绝，但是神藉异梦却指示她，让她一直要坚持信心。

奥古斯丁就曾在他的《忏悔录》中，回忆了他的母亲。书中奥古斯丁说在他的身体里有着他母亲的遗留、他母亲的影子，甚至说话的方式也和母亲很相似。

奥古斯丁说，他母亲一生都过着纯朴、简陋的生活，深信基督，紧守安息。她对自己的儿子充满了希望，并深深相信，良好的教育能感化儿子，并让他成为一个更好的基督徒。

他说："她喜欢我与她在一起，就像其他母亲，但她比其他母亲更加的渴望。"28 岁那一年，当奥古斯丁要坐船离开时，他不敢面对他身后的母亲。他写道："说到她对我的爱，我无话可说。我也能感受到，她再次承受分娩之痛，而且比她肉体生我时更痛苦……"

奥古斯丁是神魔兼有，灵性独绝的人，他既是一个放纵肉体性欲的沉迷者，也是一个专诚向上，追求真理的勇敢之士。也许这就是他父母的品性在他身上的显现吧！

幼年的奥古斯丁就追随母亲加入了基督教，然而，他 19 岁时却成为摩尼教追随者。奥古斯丁长大之后到附近地方求学，后来又在迦太基专攻修辞学。与此同时，17 岁的奥古斯丁结识了一个漂亮的女子，并和这位美女同居了长达 14 年的时间。

在此期间，奥古斯丁经常享受肉体的狂欢，体会性欲带来的满足与美好。这位美丽的女子后来为他生了一个儿子，英俊可爱，奥古斯丁喜爱不已，视如掌上珍宝。

放纵情欲的奥古斯丁还时刻在追求真理，他就是这么奇怪。他越是放纵情欲，那么他激烈动荡的内心就觉悟得越快。

19 岁时，奥古斯丁读了西塞罗的著作，内心受到震撼，他要以此为人生唯一的追求价值。他开始真正地踏上了基督之路，可是在以前的时候，他却很高傲。他一点也看不见基督的好处。他曾很轻狂地说："但圣经对于我好似没有价值，不足媲美于西色柔的庄严文笔。"

于是，他又转而向摩尼教寻求心灵的安慰。当疼爱他的母亲得知他信奉异教时，痛心不已。值得庆幸的是，一位善心的主教劝慰她说："你用这么多眼泪代祷的儿子，不能灭亡。"

在米兰的时候，奥古斯丁的母亲为他定了一门亲事，因那女子年纪尚轻，一时尚未完婚。奥氏虽也和以前的那个姘妇断绝了关系，但却又和另一个姘妇好了起来，行为比以前更放肆不羁。

偶然的一个机会，他读到了新柏拉图派的威克多林传记，得知他在老年时如何归向基督，心中大受震撼。从这里他才明白了上帝不但是一切良善之源，更是一切真实之源。

身陷肉欲的渊薮，而又位极高尚圣洁的修士，奥古斯丁顿时感到自惭形秽，懊悔不已。

在悲痛自责之余，他径直奔向花园，伏在树下痛哭。忽然他听到了一个儿童的声音说："拿起来读吧！拿起来读吧！"

良知自省，灵光重现的奥古斯丁就抑制着眼泪，急忙翻开他所读过的书信看到了这段经文："不可荒宴醉酒；不可好色邪荡；不可争竞嫉妒。总要披戴主耶稣基督，不要为肉体安排，去放纵私欲。"

自此以后，奥古斯丁感到上帝的异能植入心中。于是，他离开了情妇，辞去了教职，只身隐居在了乡下山庄，与那些友人贤哲们共研哲学，还写了许多论文。

次年复活节时，奥古斯丁受洗。他的母亲莫尼加在经过几十年不断的流泪祷告，果真得到神的垂听了！她所苦苦期望的那一天，终于降临。

不久，奥古斯丁前往希坡去受职为神父。后又继承主教一职。在希坡，他为非洲那一带创建了修道院。此后，他就把自己的余生都致力于牧养教会、宣讲福音、救济贫弱等事业上。为了解决北非教会的各种争端，他更不辞劳苦，四出召开宗教会议，平息争端。

奥古斯丁以神为中心，以启示为基本，以哲学为神学的使女确立了基督教哲学。他主张信仰使人看见真理，而理智使人多了解真理，但信仰乃至上"如果要明白，就应当相信，因为除非你们相信，你们不能明白。"得热病的奥古斯丁在76岁死去，他死了，但他的声名却获得了永生。

奥古斯丁一生著作了超逾11本及500多篇讲章，他的学识跃然见于纸上，他的神学奇才也令神学界惊叹震撼。当他皈依基督之后，就坚持维护真道，力主教会合一，且帮助正流派澄清原罪和恩典的观念。

奥古斯丁的著作涉及神学、释经、伦理证道、哲学和自传五类。他最有名的著作如《忏悔录》、《论三位一体》、《上帝之城》、《论自由意志》、《论美与适合》等。其中《忏悔录》是他的个人自传，当中描写早期奥古斯丁归信时的内心挣扎及转变经历。他以亲身见证了神在人身上的奇妙作为和恩典，提出人可以与神亲切来往。《忏悔录》成为一切宗教经验著述之典范、世界之名著，且一直传诵至今。

他的《论三位一体》主要介绍了心理学的三位一体论，把神与人统一，以及神的三位格与人的三方面的阐释。

《上帝之城》则主要论述神圣的照管及人类的历史。他指出神的国度是属灵的国度，是永垂不朽的，是这世界上任何一个国家所不能取代的也无法企及的。“上帝之城”显示出了奥古斯丁不但是一个哲学家、神学家、护教士，更是一个道德家、政治家、思想家，同时还是一个文学家和戏剧批评家。《上帝之城》左右了整个中世纪的政治发展。该书共二十二卷，历时十四年的光阴告成。它宣讲了以神爱为本必然能兴旺长存的道理。

第二节
奥古斯丁的《忏悔录》

如果要明白，就应当相信，因为除非你们相信，你们不能明白。（圣·奥古斯丁）

在《忏悔录》中，奥古斯丁写道：“你创造天地，不是在天上，也不在地上，不在空中，也不在水中，因为这些都在六合之中；你也不在宇宙之中创造宇宙，因为在造成宇宙之前，还没有创造宇宙的场所。你也不是手中拿着什么工具来创造天地，因为这种不由你创造而你借以创造其他的工具又从哪里得来的呢？哪一样存在的东西，不是凭借你的实在而存在？因此你一言而万物资始，你是用你的'道'——言语——创造万有。”

他深信是上帝创造了世界，而在苏格拉底、柏拉图和亚里士多德那里却并没有玄而又玄，苏格拉底并没有让人们相信什么神的万有创造能力，只强调了人你要认识自己，柏拉图也只是在说要注重“理念”，“理念”就成了奥古斯丁的上帝，就成了逻各斯即“道”。这些哲学家们要求人们在做回自己的路途中就会重返那个原来的自己，并且与此同时也就和宇宙万有合二为一，而并不像“无中生有”的创世者既不需要什么材料，也不需要什么工具，甚至连时间和空间也不存在，仅凭语言就足以产生出整个世界。

奥古斯丁最聪明不过了，他拿柏拉图的观点为基督教所用，用柏拉图的思想来解释基督教的教义，实在是高妙，太高妙。

奥古斯丁认为只有善才是本质和实体，它的根源就是上帝，当然他所指的善就是至善，上善，没有对立的善，绝对存在的善，是善与恶对立之上的大善，善与恶对立之宗源。而罪恶只不过是“善的缺乏”或“本体的缺乏”。上帝是至善，是一切善的根源，上帝并没有在世间和人身上创造善恶。善恶只是人们自身的一种反应和认识，是人们还没有回到真正的自我，是走在了归向上帝的半途中。上帝没有善恶，善恶的根是上帝。

在伊甸园中，亚当和夏娃是背离了上帝从而才得知善恶，才有了原罪。人们又在原则的基础上，任意妄为，迷失本性从而陷入罪恶的深渊。所以人需要救赎。“原罪”是先验和形而上学的罪，而“救赎”同样也是先验地被预定的。人的自由意志遭到了贬抑，人的邪恶本性使他不可能依靠自身的力量而独自向善皈依，只有上帝的恩典才能使人重新获得善良意志，并最终得到拯救。

奥古斯丁认为，自从人类祖先亚当、夏娃因犯罪而被贬人间之后，现实世界就被划分为两座城："一座城由按照肉体生活的人组成，另一座城由按照灵性生活的人组成。"按灵性生活的人才是"上帝之城"，才真正地是上帝的"选民"。生活在河阳的城里才是一座永恒之城，而放纵肉体的"尘世之城"，却是撒旦的魔城，是肉体淫乱的渊薮，是罪恶的地域。

奥古斯丁综合了柏拉图的回忆说和亚里士多德理性灵魂的观点，提出了"光照说"，将恩典和真理说成是源于上帝、能从我们心灵的理性之中发现的东西。他把上帝比作真理之光，把人的心灵比作眼睛，而把理性比作心灵的视觉，正是上帝的光照使心灵看到了真理。奥古斯丁说，只有在虔诚的信仰中，上帝的光照才会显得通明透亮，而神圣的真理也只有在灵魂摆脱肉体之后才能最终被认识。

奥古斯丁不仅通过"原罪"与"恩典"学说明喻了上帝的存在和神性救赎，而且也试图用理性的方式来证明上帝的存在。他坚持"相信，然后理解"的立场，他认为一个人只有相信上帝，上帝才会真正地去眷顾他，他才能够真正地看到和认识上帝，而那些不相信上帝的人是得不到上帝的救赎的，也就当然不知道上帝的存在了。奥古斯丁认为，运用理性来证明上帝存在的方法有三种：一是通过宇宙的秩序，二是通过万物的等级，三是通过人心的内省和思辨。

他说时间是主观的，你感觉到了那就是时间，你感觉不到了那就没有了时间的概念，时间也就不存在了。时间只有三种，过去、现在和未来，过去只是记忆，而未来只能想象。所以一切时间都是现在，因为实在存在的既非过去也非未来，现在的一瞬间就是时间。

时间和空间的总和就是上帝，上帝创造了一切。在上帝创造一切以前，一切都不存在。也包括时间，而对上帝来说，他是独立于时间以外的绝对存在。无论是过去、现在、将来，对上帝来说都是现在，都是同步、平行的。

奥古斯丁把灵魂分为记忆、理智和意志三种。同时他又认为这三者是统一的。奥古斯丁强调一神真理，认为神是三位一体，父、子、圣灵虽有区别，但共有一体，本质上是一，是合三为一的。奥氏以圣经为本，发展出神是绝对存在，单一不分的观念。圣父、圣子、圣灵并非分开的个体。他们的本质相同，位格相依而不离散。

奥古斯丁还认为：

圣子虽是被生、成肉身、受难、复活，但是父神仍一起与他同在。奥氏强调：三一神本体相同，但因子从父生，所以子称为子，父称为父；圣灵又从父子而出，是父子的共同恩赐及沟通，因此有称谓的区别。圣父、圣子、圣灵是平等的。在三位一体中没有先后及高低的分别。圣子也完全是上帝，他唯一不同的特性就是永远为圣父所生。

奥古斯丁肯定圣灵也完全是上帝，他的特性是从父子而出，是父子的“互爱”，是父子两位的灵。

奥古斯丁说，灵魂是高贵的，上帝的意志能够在我们人身上得到体现，但身体欲望的贪婪却是邪恶的和受诅咒的。亚当屈从于诱惑的原罪就是邪恶，就应当受到诅咒。所以，一个人要想把灵魂从肉体的束缚中解救出来，就得用高尚、至善的美德去驾驭灵魂，驱除罪恶。用灵魂控制自己的身体才能免除上帝的诅咒。但那些不能控制身体的人，却不能得到上帝的诅咒。

在《忏悔录》中，我们可以清楚地看到他深受新柏拉图主义的影响。在新柏拉图主义的著作中，他看到了创造的真理。新柏拉图主义认为，宇宙是一个有序和谐的阶层世界，一切都源发于“太一”，一切又都回归到“太一”，奥古斯丁从这里就把“太一”直接理解成了上帝。那么一切顺从秩序的就是善的，即一切顺从上帝的就是善德，一切违背世界秩序的就是恶的，即一切背叛上帝的就是恶。

奥古斯丁早在他皈依基督教的时候，就持有了这种认识。在《论秩序》一书中，奥古斯丁说，上帝的创造是宇宙中一切存在和一切运动的根源。

人是宇宙中的一种存在，是宇宙的一个分化，拥有宇宙分离出来的内在属性，即拥有上帝下降的神性。人既有灵魂，是性灵独绝的存在，但仅低于上帝，因此，他强调人的灵魂要主宰肉体，服从上帝。“因此，上帝是至高至真的，他以不可违抗、永恒不变的法则主宰着宇宙万物，使肉体服从于灵魂，灵魂和其他一切事物都服从于他自己。”

万物的永恒秩序是由上帝的法则创造的。永恒法则就是上帝。一切造物都是通过上帝的“理念”被造的。当宇宙万物服从于上帝的永恒法则时，世界就处于最和谐的秩序之中。

他在《上帝之城》中说：“万物的和平在于秩序的平衡，秩序就是把平等和不平等的事物安排在各自适当的位置上。”上帝创造了万物，永恒之物高于易逝之物，灵魂高于肉体。“没有什么事物能以任何方式脱离至高的创造者和安排者上帝的法则，这位创造者是宇宙和平的引导者。”上帝所造的一切原本都是好的。上帝的“永恒法则”是万物的内在秩序，万物都体现了上帝的法则。奥古斯丁称这种在万物的内心所存在的永恒法则是“自然法”。自然法来自于上帝的无限智慧，内在于上帝的一切造物。人作为上帝最有灵性的造物，当然也拥有自然法。“奥古斯丁根据柏拉图的传统，强调自然法必然刻在人的理性灵魂中。”自然法表现为人的理性和良心，“作为被赋予知识的存在，人从上帝那里领受了自然之光；作为服从行动必要的存在，人从上帝那里领受了道德良心。”人通过理性和良心感知自然法的存在。

奥古斯丁说，自然法是从上帝的永恒法则中被生出来的，永恒的法则是人格的上帝所创造的，没有把自然法等同于上帝的永恒法则，上帝的永恒法才是一切的事物所能够产生的根源，没有什么事物不分有上帝的永恒智慧而能得以存在，没有什么事物不分有上帝的神性而能得以延续，那么一切存在着的事物自然都是好的。上帝所造的一切都是好的，万物在本体上都是善的，恶在本体上是不存在的。

奥古斯丁说，“就其本性而言，魔鬼本身也不是恶的。是由于堕落，他才变为恶的。”奥古斯丁认为真正的恶不存在，他们的恶也就等同于是被分隔开了的一个两间房子，其中放杂草和喂猪的那一间不是恶的。他极力地反对摩尼教的善恶二元对立论，他也不同意柏拉图主义鄙视肉体的倾向。他觉得人不能脱离肉体而独立存在，灵魂总是被蜷缩在肉体当中才得以生存，只要人在美德的驾驭下，不使自己的灵魂受肉体的污染，还仍然保持她的原样就不会堕入到恶的地域。

在奥古斯丁看来，上帝是万物的创造者，他不但是一切意志的支配者，而且还是意志的知晓者，“一切的力量都来源于他，但不是一切的意志都出自于他。”

上帝把永恒法则放在人的理性中，人知道上帝的法则，但是人会不会走神指引的路，那就不是神所左右的了。一切都取决于人的意志选不选择顺从他心中的自然法则。意志能选择不顺从，是因为意志中有一种违背自然的缺陷。当人的意志选择了不顺从，恶便产生了。这就是圣经上所说的堕落。上帝之所以给天使和人自由，是因为他希望他们能够自愿谦卑地顺从神圣的意志，但是他们滥用了上帝赐予他们的自由，选择了背叛上帝，于是，罪就出现了。

上帝公义的法则却要求他对背离自己的人进行审判。所以所有背离上帝的人都要受到审判，受到诅咒。因此人犯了罪就要受到惩罚。

奥古斯丁在谈到爱的时候，他把它比作重量。他说：“火趋向上方，石头趋向下方。它们在重量的推动下寻找着自己的恰当位置。……我的爱就是我的重量：不管我到哪儿，都是我的爱把我带到那里的。”

每一个人的灵魂中，都有一种自在的重量推动着它去寻找自己的归宿，这种重量就是爱。“这样看来，对人来说，爱不是某种偶然或附加的东西，而是内在于他的本质的一种力量，就像落石中的重力一样。”爱是一种内在的东西，深藏于人们的灵魂当中，不是外在的强加和要求，是内在的富有和丰满。爱在宇宙中是普遍存在的，所有的事物都处在爱中，都在寻找属于它“自己的家”。

“爱实在不过是为了自身的缘故对某物的渴求。”爱就意味着一种欲求，目的是为了得到对象使自己获得幸福。爱所指向的对象是一种“善”，它能使人获得幸福。

奥古斯丁说：“所有的人都爱幸福。”就是人们在作恶的时候，他们也总是在渴望着幸福。在奥古斯丁看来，人是一种寻求幸福的理性存在。“所有能够在任何程度上使用理性的人都渴望幸福，这是一个不争的事实。”同柏拉图主义者一样，奥古斯丁认为，爱的目的是为了幸福，而且只有永恒不变的“至善”才能满足人的幸福。而“至善”就是创造宇宙万物的上帝，不是柏拉图主义的善的理念。

上帝把这样一种渴望放在了人的本性中。“你造我们是为了你自己，我们的心若不安息在你的怀中，便不得安宁。”但是，在实际的生存中，人选择什么对象来满足自己的幸福却是一个问题。“我们每个人当然都渴望生活得幸福……但是在我看来，幸福既不属于那些不能拥有他们所爱的，也不属于那些拥有他们的所爱，但所爱的东西却是有害的，也不属于那些拥有完美的东西，但却不爱他们所拥有的。”只有当人既爱最值得爱的东西，即“至善”的时候，又拥有它时，人才能真正获得幸福。

那么究竟什么才是“至善”呢？那就是寻求高于他自己的东西即更高贵的灵魂。因此，奥古斯丁说，“你想要幸福，就要寻求高于你的灵魂的事物。”人的灵魂是什么呢？“在你的灵魂中有上帝的形象；人的心智中含有这一形象。”灵魂是从上帝那里分离出来的，是上帝分发给人的内在的神性。爱就是对我们尚未拥有的事物的渴望。但是当我们拥有了所爱的事物，我们又害怕失去它们。这时未来对我们又构成了威胁，爱就变成了恐惧。人总是生活在爱与恐惧之中，在没有得到爱的时候，就渴望得到它，得到的时候，又害怕失去它。斯多葛派就是为了避免失去，才把自己的欲望降到很低，让外界的变化无论如何也无法夺去他们内心的幸福。

奥古斯丁不同，他把意志转向永恒不变的事物，即上帝，只有他才能给予我们真正的幸福。

"纯爱"是对上帝的爱，当人爱上帝的时候，他就向上升腾，就能得到满足和幸福；"贪爱"是对世界的爱，当人爱世界的时候，他就会沉沦下降，直到堕落。人要从感觉的世界中挣脱出来，获得真正的幸福，就要依靠理性去指导自我。"的确，不是单靠信仰，而是藉着可靠的理性，灵魂才一点一点地把自身引向最具美德的习惯和完满的生活。"

奥古斯丁说，灵魂能使我们认识自己，上帝能使我们认识我们的本源。人若借着理性认识到本源，就能从感觉的世界中摆脱出来，把目光转向超感觉的永恒世界，即上帝。

汗那·阿伦特说，奥古斯丁深受柏拉图主义的影响，他把爱看作一种欲求，又把欲求的目的看作幸福，他更像是一个柏拉图主义者，而不像一个基督徒。

然而，在《论三位一体》中，奥古斯丁却说："是真实的被称为爱，否则就是欲求；那些欲求的人被不适当地说成是在爱，正如那些爱的人被不适当地说成是在欲求。但是，只有坚持真理，按照公义生活，从而鄙弃一切与爱人相对的世间事物，才是真正的爱。"奥古斯丁的爱就是"纯爱"，只有纯爱才能使人回归上帝，获得幸福。

奥古斯丁不仅认为真正的爱来自于人对上帝的渴求，而且美也都源自于上帝。最高的、绝对的美就是上帝，上帝是美的来源和创造者。除了绝对的完美以外，那些道德美、形体美都是低级的、相对的美。它们都是通向无限的绝对美的阶梯。他说："主，我感谢你。我们看见了天和地，即物质受造物的上下两部，或物质的和精神的受造物……我们又见万流委输，海色的壮丽，大陆上圹壤的原野和长满花卉树木景物宜人的腴壤。”和亚里士多德一样，他认为整一、和谐就是美的体现。

奥古斯丁说，物质美是短暂的、相对的美。至高无上的美是上帝，上帝就是“美本身”，上帝的美超越人的感官和任何具体的形象。这种神性的美是以心灵来观照的，是永恒的、绝对的。必须有真挚崇高的感情、纯真的灵魂的圣徒们才能领略它、领悟它。奥古斯丁曾领略过这种美：“我为达到至高的美的相等而欣喜，对此，我不是凭肉眼，而是凭心灵去认识。因此，我相信我以肉眼所见之物愈是接近我以精神领悟之物，它便愈加完美。但无人能够解释为何如此。”

物质也是上帝的创造物，物质美是精神美的映像。一切自然的美的事物，都是在颂扬上帝的神性和信仰的奇迹。对太阳的欣赏，与其说它是灿烂的光辉，不如说它是象征着上帝的神性。

奥古斯丁以宗教神学的审美观阐释说，美独立于我们而存在，我们只是观照它，没有创造它。“一切物体的美都是具有悦目色彩的各部分的和谐。”外在的和谐是反映或达到了一种“整一”。

整一是一种存在的秩序，是美的内在规定，是美的本质。“没有一种有秩序的事物是不美的。”无论自然中还是艺术中的那种整一，并是上帝在上面打下的烙印。和谐代表有限事物所能达到的最近于上帝的那种整一。没有事物完全没有整一性，也没有事物具有完美的整一性，完美的整一只属于上帝自身。他说：“人们无需过多留意便会发现，没有任何形式、任何形体全无整一的某种痕迹，而由于所有形体，甚至最美的形体，其各部分都必定以一定的间隔排列于空间，处于不同的位置，因而难以达到它所寻求的整一性。”

所以，他说道：“一个人如果像一座雕像一样被安置在一座极其宏伟美丽的建筑的一角，他将难以察觉他仅仅作为其一部分的这一建筑的美。”人们居于世界之中，只能是世界中的一部分，因此，人们永远不能把握作为一个整体的世界之美。只有上帝，才能把握世界整体的美。

然而，我们人可以用心灵借助艺术来创造美。他说：“人类以多么惊人的努力，用各种艺术、技艺，使服饰、鞋袜、容器以及一切种类的制品变成粲然可观，还创造绘画和各种雕塑，这些已经远远超出日常使用的需要和前景的内容……我们的心灵朝暮渴求的美的作品，是由心灵转换出来并高于心灵的。”

即使是艺术家创造的美也是来自于上帝。“艺术家得心应手制成的尤物，无非来自那个超越我们灵魂，为我们的灵魂日夜盼望的至美。”艺术模仿不是模仿事物的所有方面，而是发现和深化来自上帝的那些美的痕迹。所以，没有虚构，便不能成为真正的艺术，艺术的真实也就永远不能等同于生活的真实，艺术的“真实”揭示了生活的真实底蕴和意义。

奥古斯丁把古希腊哲学，尤其是柏拉图的理论思想与基督教教义糅合在一起，阐述了一种宗教神学的美学思想。他提出的“神性美”在基督教世界中经久不衰，是在一种新的融合中发展。

奥古斯丁在哲学上的成就是非常卓著的，他指出了一切美都源于上帝的观点，而且与此同时，他还为我们分析了信仰和思想的关系，思想只能是信仰的婢女，信仰也只有当一个人去相信的时候，他才会真正地知道神的存在。他认为美、诗歌、艺术都是对上帝的反映，生活中一切的一切都是指向那个最高的真实——上帝。奥古斯丁信仰基督，但他的思想大多来源于柏拉图，他是一个新柏拉图主义者，许多的新柏拉图思想都被他继承吸收。在新柏拉图主义的影响下，奥古斯丁脱离了摩尼教善恶对立的二元论学说，进而归信了基督。

奥古斯丁看重形而上的东西，和中国的易经所说一样，他也承认“形而上者为之道，形而下者为之器”。他轻视感官上的享受，注重冥想和精神上的超脱。他的宗教神秘主义美学思想对后世产生了巨大的影响。在世俗艺术虚构、想象、构思、象征和形象等方面，他都进行了猛烈的攻击，他的这种观点虽然是消极的和独特的，但是仍然影响了许多的流派。

第七章

托马斯·阿奎那的神学大全

阿奎那相信“任何能使人类认清真理的智慧都是由上帝所先行赋予的”。阿奎那还认为，凡接近自然过程的办法就是最好的办法。在自然界，支配权总在单一的个体手中。统治宇宙万物的只有一个上帝，因此国家由一个君主来治理，才是最好的政体，也才是最符合上帝的本意。

阿奎那把审慎、节制、正义、坚忍列为人类的四大美德。他认为这四种美德我们每一个人都是从天性中带出来的，这些美德与生俱来。他还指出信仰、希望以及慈善是神学上的美德，是超自然的：“上帝神学美德的目标是上帝本身，上帝是所有事物的尽头，超越了我们的理性所能取得的知识。在另一方面，智慧和道德的目标则可以为人类理性所理解。神学美德也因此与道德和智慧相当不同。”

阿奎那相信若要认识上帝，一个人的信仰和理性相结合的东西非常重要，从这里我们可以管窥蠡测，看到真实的一部分。阿奎那混合了希腊哲学和基督教的原则，他觉得遵从理性的思考去研究自然，并没有违背上帝的启示，而是两者共同走向上帝真理的殿堂。上帝透过自然给予人类启示，那么研究自然也就是研究上帝。在阿奎那看来，神学的最终目标就是运用理性来理解上帝的真相从而获得最终的救赎。

第一节
“天使博士”阿奎那

没有任何智慧是可以不经由感觉而获得的。（托马斯·阿奎那）

托马斯·阿奎那把理性引入神学，倡导自然神学，用“自然法则”来论证“君权神圣”的思想。《神学大全》是他撰写的最知名著作，被认为是神学和法律部的权威。天主教教会称他为历史上最伟大的神学家。

托马斯·阿奎那在意大利南部的一个贵族家庭出生。他的父亲是一个伯爵，而叔叔是修道院的院长。他们一家人信奉基督教都很虔诚。家里的父母和叔叔都希望他长大以后也和他们一样，当一个修道院的院长，为人们拔迷超尘。在当时的意大利，许多的贵族子弟都是这样取得成就的。

所以，父母在他刚满5岁的时候就送他去了修道院学习，16岁的时候又到了那不勒斯大学进修。在大学期间，阿奎那接触到了亚里士多德的形而上学、自然哲学与逻辑学著作等，他以后的思想就很受亚里士多德的影响，后来他参加了多明我会，并还对神职人员发表了强烈的不满，多明我会的头目就计划把他送到总堂深造。

他的整个家族对阿奎那的这种做法都感到深恶痛绝，都感到极度的愤慨。所以，就在他被送往罗马的途中，阿奎那的几个兄弟就逮住了他，并把他押回圣齐奥瓦尼城堡，一直把他关押了两年。家里人都认为这样一来，阿奎那肯定屈服了，可是他很固执倔强，始终都没有动摇自己的决心，更没有被家人派去的妓女的情色所惑。

然而，阿奎那最终还是和家人经历了几度的对峙和抗争才在教皇诺森四世的斡旋下获得解救。他的师长发现阿奎那喜欢神学，而且经常钻研神学，并在神学上有很大的天赋。于是，便送他去科隆的多明我神学院，师从大阿尔伯特学习哲学和神学。在一次多明我会与天主教修士的辩论中，阿奎那大获全胜，击败了当时知名的大学校长圣阿穆尔的论点。

从此以后，阿奎那更把自己的精力和时间投入到神学中去了。他一边忙碌地从事教学，一边旅行和讲学，并且经常向教皇提出有关各地政务的建议。

后来，哲学家大阿尔伯特和他在一起做事，并经常探讨哲学问题。阿奎那的精神和思想深深地被大阿尔伯特洗礼了。大阿尔伯特将阿奎那塑造成了一个睿智的学者。在以后的学习经历之中，阿奎那还接受了亚里士多德的哲学方法论，他发现亚里士多德的研究非常了不起，他就把他的方法论作为终身的学习理论，爱不释手。

不久，阿奎那被任为修道院的院长，并且应查尔斯王的请求，在那不勒斯担任教授职务。

在这些年里，阿奎那每天都不停地传教，希望每一个基督徒都能够明白上帝的教义和圣经的义理。为了能够让更多的人受益，他还写下了许多的训诫、问答集以及授课笔记。他也开始撰写他的大作《神学大全》。

一次弥撒仪式中，阿奎那还称自己看见了神迹。他相信上帝给予了人类两种启示：一般的启示以及特别的启示。他认为一般的启示可以通过自然秩序而获得，如认知到上帝的存在，但有一些知识只能通过特别的启示才能得知。在阿奎那看来，耶稣基督显示了上帝的存在就是特别的启示。如对三位一体的认识也要通过特别的启示才能得知。一般的启示和特别的启示其实在本质上是可以互相补充的，而不是互相对立的。

事后，阿奎那停止写作，《神学大全》也成了未完成的作品。

当他被问及为何封笔时，阿奎那答道："我写不下去了……与我所见和受到的启示相比，我过去所写的一切犹如草芥。"后来有人称阿奎那在祷告时听到了来自十字架的声音，称赞他的写作很好，传到了基督的福音，还有的修道士说看到了他在虔诚地礼拜的时候在神力的相助之下，还飞上了天空。

阿奎那身体肥胖，皮肤黝黑。但是其貌不扬的外表并没有掩盖他举止端正，温文尔雅，那为人处世的教养。

在争论中，他知道以理服人，并且懂得用自己的人格魅力和渊博的学识去赢得对方的尊重。他品位朴素，记忆超群，别人都为他高雅的气质、优美的谈吐所迷倒，他们都感到与阿奎那的交谈就像如沐春风一样能感到温馨。在他沉思时，无论所处的环境有多么嘈杂，都不会影响到他，甚至在沉思之中，他能达到忘我的程度。他的观察能力很敏锐，很快便能得知别人想要表达什么，打算怎样去表达，能够很系统、清晰和简明地表达出他人的意见，并且使自己的思想兼收并蓄、富有热情。他总是认为他所受到的神的启示远远还没有尽言于书，所以他经常为自己没有尽情地阐述上帝的启示，没有写更多的作品而感到遗憾。

然而，他一生的著作卷帙浩繁，总字数在1500万以上，其中包含着较多哲学观点的著作有：《箴言书注》、《论存在与本质》、《论自然原理》、《论真理》等，代表作有《反异教大全》、《神学大全》。他对亚里士多德的许多著作都做过评注。

在一次参加里昂会议中，身体已经不堪病痛折磨的阿奎那在去往会议的途中就快要倒下了，恶化的病情使他不得不滞留在一座城堡中。

即使他坚持忍受着，仍然没有赶上这次会议。能够在修道院结束自己的人生旅程是他的终身夙愿。然而，命运就是这么捉弄人，偏偏在他归宿的半途就溘然而逝。他无法及时抵达多明我会的教堂，最后他被带至一座熙笃会的教堂。在经历七周的病痛煎熬后，与世长辞。

所有与阿奎那相识的人都对他印象深刻。他获得了教会赐予的“天使博士”的头衔。托马斯无疑是中世纪最重要的哲学家，托马斯主义不仅是经院哲学的最高成果，也是中世纪神学与哲学的最大、最全面的体系。若望二十二世将阿奎那封为圣人。庇护五世将圣托马斯·阿奎那日与其他四名最伟大的拉丁神学家：安波罗修、杰罗姆、圣·奥古斯丁、葛利格理并列。在阿奎那被封为圣人后，他死去的那一天也被称为圣人日。

第二节
阿奎那的《神学大全》

上帝是永远不变的，上帝的本质和特征是无法改变的。（托马斯·阿奎那）

阿奎那相信“任何能使人类认清真理的智慧都是由上帝所先行赋予的”。阿奎那还认为，凡接近自然过程的办法就是最好的办法。在自然界，支配权总在单一的个体手中。统治宇宙万物的只有一个上帝，因此国家由一个君主来治理，才是最好的政体，也才是最符合上帝的本意。阿奎那深受亚里士多德的影响，当然他的思想理论也和亚里士多德一致，都是经验主义者，他的思想理论继承了亚里士多德的东西，但是又进行了深入的发展，他的研究也影响了之后这两个学派在西方哲学界的发展。

阿奎那认为我们可以透过上帝的启示了解到他的存在。当我们谈到上帝的美德时，我们了解类似于上帝的美德，但这些并不完全等同于上帝真正的美德。在《神学大全》中他这样解释道："美德代表了一些权力的运用。虽然人们是以结果来评价一件行动的是非，然而权力的结果只是行动而已。因此如果说权力是完美的，这也必须要取决于其行动才行。"

阿奎那把审慎、节制、正义、坚忍列为人类的四大美德。他认为这四种美德我们每一个人都是从天性中带出来的，这些美德与生俱来。他还指出信仰、希望以及慈善是神学上的美德，是超自然的："上帝神学美德的目标是上帝本身，上帝是所有事物的尽头，超越了我们的理性所能取得的知识。在另一方面，智慧和道德的目标则可以为人类理性所理解。神学美德也因此与道德和智慧相当不同。"

除此之外，阿奎那还把法则分为了永恒的、自然的、人类的和神授的四大项。他认为，永恒的法则是上帝治理众生的根据，是上帝直接创立和形成的，而自然的法则是人类在上帝的永恒法则中的一种显现。自然法也是根基于他的"行为的第一原则"上：

"……所有法的基本原则是：美德要被促展并行使、邪恶要被避免。所有其他自然法的原则都是根基于此。"

他认为，人类的价值观都是由生存和繁殖的欲望所衍生。人类的法则是实际法，而自然法是政府和社会上所用，神授法则是上帝透过经籍给予的启示，许多经籍和神谕都是来自于上帝给予人类的启示。

为了把理性和信仰结合，阿奎那还把亚里士多德的"三段论"逻辑引入基督教教义中。阿奎那相信若要认识上帝，一个人的信仰和理性相结合的东西非常重要，从这里我们可以管窥蠡测，看到真实的一部分。阿奎那混合了希腊哲学和基督教的原则，他觉得遵从理性的思考去研究自然，并没有违背上帝的启示，而是两者共同走向上帝真理的殿堂。上帝透过自然给予人类启示，那么研究自然也就是研究上帝。在阿奎那看来，神学的最终目标就是运用理性来理解上帝的真相从而获得最终的救赎。

他还说，上帝的存在可以证明，在《神学大全》中他提出了证明上帝存在的五个证据。在讨论到上帝的本质时，阿奎那认为证明上帝的最好方法，便是先排除那些不可能是上帝的东西，这个方法又常被称为否定神学。

与奥古斯丁不谋而合的是，阿奎那也指出个人的意志必须走向正途，走上慈善、和平、神圣的道路才能达到上帝的彼岸，实现最终的目的。阿奎那认为，意志与目标在本质上是互相联系的，因为“意志的正直可以指挥人类正确地走向最后的目标”。那些真正试图发现上帝的人也会因祸得福。

阿奎那说，神学高于哲学，哲学是神学的奴仆。这无疑又与奥古斯丁的思想重合了，他同样认为哲学是神学的婢女。“除了哲学真理以外还需要有神学真理”。托马斯认为，除了哲学理论以外，为了拯救人类，必须有上帝的启示。

神学高于哲学，哲学既然只是神学的婢女，那么神学就可能凭借哲学来达到自己的目的。“因为神学的原理不是从其他科学来的，而是凭启示直接从上帝来的。所以，它不是把其他科学作为它的上级长官而依赖，而是把它们看成它的下级和奴仆来使用：有如主要科学使用附属科学、政治学使用军事学一样”。

我们从阿奎那关于哲学与神学上的思想可以了解到，对某一事物，如果从不同的角度去认识，就会得出不同的结果。因此，我们也应该认识到用上帝启示的学问去讨论哲学家用理智去认识的理论，是均有合理性的。虽然超出人类理智的东西，我们用理智是不能达到的，但是拥有上帝的启示，凭借着我们虔诚的信仰就可取得。他的观点就这样很自然地把哲学和神学分开，也就把知识和信仰分开了。

托马斯从知识与信仰的区分出发，还分析了感性与理智的关系，并提出了自己的真理观。他把认识能力分为感觉、天使的理智、人类理智三种。感觉只能取得个体的知识；天使的理智能够在那些不是物质的情况下认识；人类理智则是灵魂的一种能力，它运用抽象的方法来了解物质事物，从了解物质事物来获得某些非物质的事物的知识。其中，人的认识能力是感觉和人类的理智。知识来源于感觉，感觉通过感官与外物接触，主体接受客体而产生一种近似“感觉印象”。这种印象获得的只是个体的知识。而人的认识并不能仅停留在个体的知识，还必须深化到理性认识。用灵魂的能动去掉“形象”中感性的个体认识，取出本质的普遍性、必然性，获得“理解印象”。

“我们是以我们称为主动的理智的更高贵的主动力，采用抽象的方法，把从各种感觉所接受的幻象变成现实上可以理解的”。当“理解印象”被传达到“被动的理智”而成为“理性印象”。被动理智再去认识它、接受它从而得到“表象”，即一般的概念。

真理只能在理智之中，理智中的真理在于理智和所了解的事物一致。但在人类理智中的真理之外，还需要有上帝的真理。“上帝的理智中的真理是不变的”，它是一切物质事物的真理，是永恒不变的。

阿奎那还指出人类社会中最好的政体就是由一人所掌握的政体，即君主政体，而教会的目的是追求超自然的善即认识上帝。超自然的善高于国家所谋求实现的公共的善，所以教会应当高于国家。归根到底，国家要听命于教会的使唤，国王只是上帝的一个仆人。

阿奎那的《神学大全》被教会视为最重要的著作之一。他在神学思想上的重要性和贡献非常大，甚至可以与圣·奥古斯丁相提并论。教皇就建议所有的天主教学院和大学都教导阿奎那的理论，并且当有教师谈到阿奎那所著述的不理解之处，教皇还说要“遵从阿奎那的思考方式，教导正确的结论”。

阿奎那的思想具有相当的影响力，许多现代的伦理学家都主张他的美德伦理可以取代康德的功利主义。尤其是他关于“明白”的概念，促成了现代作家詹姆斯·乔伊斯的文学风格，乔伊斯赞美阿奎那是西方哲学里仅次于亚里士多德的哲学家。

托马斯的著作有：《伦巴德箴言四书注释》、《论存在与本质》、《反异教大全》、《亚里士多德形而上学注释》等。《神学大全》是他的代表作，他的神学和哲学思想，都集中概括在他的这部著作中，这是一部中世纪经院哲学的百科全书。阿奎那保存并且修改了亚里士多德学派的思想，他的哲学对之后的基督教神学有着极大的影响，尤其是天主教，甚至对西方哲学也有着重大的影响。

第八章

伊拉斯谟的愚人颂

《愚人颂》是一本很有意思的书，它歌颂愚人，为愚人唱歌，认为只有愚人才活得真，活得像个人，活得逍遥快活，与世无争。而那些所谓的“贤人”毫无生气，他们犹如一尊尊冷冰冰的木偶雕像，呆板、冷酷，死气沉沉。

伊拉斯谟正话反说，借古讽今，他说历史上的伟人其实都是愚人，“基督尽管是上帝智慧的体现，也让自己显得有点像个愚人，目的是要对人的愚蠢助以一臂之力，所以他呈现出人的本性，看上去是具有人的形式，正如他让自己成为罪人，才得以为众罪人赎罪那样。”

愚人，不用在意他人的眼光，即使没有其他人的赞扬，他也可以自我颂扬；他不需要强装笑脸来面对不喜欢的人；他不需要逼着自己去做自己不愿做的事；他更不愿意为了一点名利而争得头破血流；他不会在别人的叮咛中走一条自己不愿走的路，他活着很快乐，根本就不知道什么是痛苦，他只知道一个人傻笑，如同“开口便笑，笑天下可笑之人”的弥勒，他想怎样生活就怎样生活……

伊拉斯谟认为愚人之中有智慧，愚人“大智若愚”，正如苏格拉底说过的一样：“这个世界上有两种人，一种是快乐的猪，一种是痛苦的人。做痛苦的人，不做快乐的猪。”而伊拉斯谟却做了快乐的猪，他也劝人们学“愚人”做“快乐的猪”，任性而为，无所顾忌。因此，愚人就等同于快乐、幸福了。

而《愚人颂》，实际上也就是对人性的歌颂和赞美，对虚伪的鄙视和嘲笑。《愚人颂》充满生气，经久不衰，至今仍然给许多人以欢乐和启迪。

第一节
“大智若愚”的伊拉斯谟

明达之士的心灵在悲哀之地，而愚笨之人的心灵则在欢乐之处。（伊拉斯谟）

伊拉斯谟是16世纪初欧洲人文主义运动的主要代表，荷兰著名的哲学家，也是当时荷兰思想界的主帅，被誉为“16世纪的伏尔泰”。他出生于鹿特丹一个神甫家庭，幼年时就接受了系统的基督教神学教育，青年时代入修道院学习。随着他学识的丰厚、阅历的积累，不久，他就被命名为神甫。伊拉斯谟从荷兰去了英格兰后，在英国他结识了托马斯·莫尔，他们在志趣上和理想上非常契合，各有自己的理想人生，因而成为莫逆之交。那时英格兰宽松、自由的社会气氛比西欧大陆好得多，他在这种氛围之中也感到很快乐。

然而，在巴黎、罗马，他深深地感受到教会及其各级神职人员与基督教教义之间存在着难以弥合的断裂。教会的贪婪、腐败和暴虐与教义完全背道而驰。1509年他在离开意大利时写道：“由于基督教会是在血上建立起来，用血来巩固，在血中加强，所以他们继续靠刀剑来处理教会的事务，好像基督已告死亡，再也无法保护自己的人民。”

伊拉斯谟知识渊博，对教育事业忠诚，一生孜孜不倦地追求个人自由和人格尊严。在政治上他对反动势力进行了揭露、讽刺和批判。

但是，由于他的人生目的是回归真理的源泉，所以，最终他还是把自己的毕生精力放在了对希腊语的攻读和对宗教改革的研究上。伊拉斯谟把对《圣经》的研究和整理当作他的毕生事业，同时他从中感到兴趣盎然，用他对莫尔的话就是以“轻快的情怀”来治学的。后人常说，伊拉斯谟把人文主义的精神同神学研究结合起来，在神学中注进了“人学”的灵魂，这也许就是伊拉斯谟对《圣经》的独特态度吧！

当他在意大利对教会感到强烈的不满时，他就发表了《愚人颂》，用来指责和揭露教会、贵族的腐败，嘲笑那些经验哲学家和僧侣们愚昧无知的空谈。1514 年，修道院要求伊拉斯谟回院，在教皇的同意下，伊拉斯谟才没有重返修道院，保持了自己的独立。

当马丁·路德领导的宗教改革爆发后，伊拉斯谟觉得关于“文学的黄金时代”即将到来的美梦破灭，于是，1524 年，他写了《论自由意志》并同路德通信，批评路德。

然而，他却把几个世纪被曲解了的《圣经》恢复原貌，还其本意，把智慧传之世人，为路德的宗教改革铺好了道路。

他的工作本来可以使他与马丁·路德成为“同路人”。可是在对教会改革的看法上，两人分道扬镳，而且互为对手，甚至到了势不两立的程度。

伊拉斯谟是学者型的，他很不欣赏路德那种“以暴易暴”的猛烈进攻，他想通过对教会的理性批判和《圣经》的教化作用来感化信徒，而马丁·路德是一个农民的子弟，他做事雷厉风行，疯狂进攻，如一头发疯的狮子对着教会和信徒狂咬。

由于宗教改革的思想先驱和启蒙者伊拉斯谟与“圣狂”马丁·路德分立了，自然宗教改革的结果也使教会分裂了，新教最终“平分秋色”。伊拉斯谟在运动之火弥漫的时候隐遁了起来，甚至在关键的时刻他也没有出手为路德辩护，也因此他成了马丁·路德的对立面，一个悲剧的形象。在最后的岁月里，伊拉斯谟蜷缩在宁静的书斋里，就这么一个人默默地、苦苦地写着、写着，诉说着西欧的教史病变和社会风韵，用他饱满的人性的笔触讥讽了那个污浊的现实，直到70岁时在孤独中无声无息地死去……

伊拉斯谟是一个性情中人，他拥有快乐、爽朗的天性。然而，他却在冷落而又孤寂的晚年中孤独地离世。

他曾说："我不是以啼哭来开始人生，而是迎着我母亲甜蜜地微笑。"但是现实与伊拉斯谟的性格很不合拍，他所处的那个世界有如一座冰冷坚硬的顽石，而不是一个有着活气儿的、富有痞情的"人"的世界。他最终还是在不属于自己的世界里，让世界也不再属于他所有了。

他认为，友谊的幸福是以愚蠢为基础的："对你朋友的错误眨眨眼而过，睁一只眼闭一只眼，造一场幻象，睁着眼睛把错误说成美德——这难道还不够愚蠢吗?"

他说，如果一个人想过一种理智的生活，就绝不会考虑婚姻。"假如一个男人想作为一个有智慧的人过一种正常的生活，而且先掂量一下作为一种生活方式的不利方面，那谁还会心甘情愿地把脑袋放在婚姻的祭坛上？假若一个女人懂得或者想一想怀孩子、生孩子的危险和痛苦，还有养孩子的麻烦，那么还有哪一个女人愿意嫁个汉子？因此说，假若你把生活交给婚姻，就是把婚姻交给疯狂……"

在他看来，最明智的人不去寻求幸福，他远离幸福。他曾讽刺哲学家们说："搜索遍自己的书房就指望掌握上帝的世界"，他"咀嚼一只干瘪的豆子，和甲虫和虱子长期鏖战"，就指望实现自己的学术雄心无论如何是无效的，因为不能指望掌握任何一个学科的全部。

第二节
至乐逍遥的人生秘诀——《愚人颂》

智慧越高之人越痛苦，知识愈多之士愈悲伤。忧愁和痛苦与智者相伴，快乐和幸福与愚人相随。（伊拉斯谟）

在伊拉斯谟众多的著作中，唯有他的《愚人颂》通俗易懂而未被人遗忘。《愚人颂》是文学史上最为精彩的讽刺体篇章，是他给人类留下的一笔宝贵遗产。曾有史学家史密斯称其为“诙谐的训诫，善意的讽刺和伦理性的讥笑”。据说，《愚人颂》是他在去英国拜访莫逆之交托马斯·莫尔爵士的短短7天时间内完成的。他的这本书就是献给朋友托马斯·莫尔的，伊拉斯谟为了表达他与莫逆之交的默契与幽默，还有意安排了该书的原名与莫尔的名字谐音双关。

伊拉斯谟在给朋友莫尔介绍《愚人颂》的信中曾写道：“也许一件不起眼的小事就会变为大事。玩笑可以开得恰到好处，使任何一个没有头脑和思考能力的读者，都能觉察到使人受益良多的东西，这比起我们某些人发表了几篇言辞晦涩、空洞无物的高论来会更能使人受益。”

他说，“有的人东拼西凑组装了一篇演讲稿，还没完没了地歌颂、赞美修辞学或哲学，有的人颂扬某个王子……世上也许最令人明智的举动，莫过于让你明白你所做的事绝不是繁芜丛杂的乱言琐事，一篇毫无价值的虚伪言论。”

《愚人颂》是一本很有意思的书，它歌颂愚人，赞美愚人，愚人最快乐，愚人最幸福，只有愚人才活得逍遥快活，与世无争。

伊拉斯谟正话反说，借古讽今，他说历史上的伟人其实都是愚人，“基督尽管是上帝智慧的体现，也让自己显得有点像个愚人，目的是要对人的愚蠢助以一臂之力，所以他呈现出人的本性，看上去是具有人的形式，正如他让自己成为罪人，才得以为众罪人赎罪那样。”

由此可见，愚人是活得潇洒、自由自在的人，是一个性情中人。愚人想哭的时候就哭，想笑的时候就笑，欲拔刀的时候就拔刀，该下跪的时候就下跪，这是何等的自在，这又是何等的逍遥！

愚人，不用在意他人的眼光，即使没有其他人的赞扬，他也可以活得很自在很快乐；他不需要伪装自己，只有他活得最真实，最洒脱；他不需要逼着自己去做自己不愿做的事；他更不愿意为了蝇营狗苟而争得头破血流；他不会在别人的叮咛中去走一条艰难跋涉的路，他活着很快乐，根本就不知道什么是痛苦，他只知道一个人傻笑，如同“开口便笑，笑天下可笑之人”的弥勒，他想怎样生活就怎样生活……他随性自足，随遇而安，他不会太在意自己在别人眼里的评价。他只需走自己的路就足够了，率直认真，保留依旧的天性，不受世俗的污染。

伊拉斯谟认为愚人之中有智慧，愚人“大智若愚”，正如苏格拉底说过的一样：“这个世界上有两种人，一种是快乐的猪，一种是痛苦的人。做痛苦的人，不做快乐的猪。”而伊拉斯谟却做了快乐的猪，他也劝人们学“愚人”做“快乐的猪”，任性而为，无所顾忌。因此，愚人就等同于快乐、幸福了。

而《愚人颂》，实际上也就是对人性的歌颂和赞美，对虚伪的鄙视和嘲笑。《愚人颂》充满生气，经久不衰，至今仍然给许多人以欢乐和启迪。《愚人颂》用第一人称托言于“愚夫人”对基督教的最高权威罗马教廷，极尽嬉笑怒骂之能事，而对平常人却满怀关爱、同情，对普通人进行了讴歌。

《愚人颂》大致分为两个部分，其一，它对当时的教会进行了讥讽和抨击；其二，对“愚人”的宗教虔诚和纯朴的道德进行了热烈的歌颂。

伊拉斯谟对当时的知识界和教会的抨击主要是对文法学家和文法教师、修辞学家和作家、逻辑学家和诡辩家、法学家、经院哲学家、僧侣、教主进行了批判。

伊拉斯谟认为，那些表面上被认为是拥有最渊博学问的文法学家，他们其实是“最可怜、最有奴性、最可恨的人”，他们这些人骄傲自大、目中无人、迂腐透顶、庸俗至极、固步自封、欺世盗名，金玉其外败絮其中，“靠着那些不过是消遣性的短文和寓言般的赝品，他们是那样可笑地在虚无飘渺的妄想中费力支撑着，以指望获得一个不朽的名声，同时庆贺以他们的胡言乱语在别人心中留下的永不衰息的怀念”。当时的学校就是被他们这些精神的尘埃所窒息的“监狱”。

修辞学家们则野心勃勃、好高骛远，愚蠢无能之极，“在任何争论中，对他们无法认真驳倒的问题，他们常常能轻轻一笑过去”。而作家呢？有的乱涂一通、糟蹋纸张、不知所云，有的腹中无物、劳神费力、沽名钓誉，有的就滥竽充数、抄袭剽窃、卑鄙无耻；法学家更是要惯了自己的伎俩，他们用尽了巧言来胡编乱造，而自己却认为“那是他们费了极大力气的最好的诉讼”；逻辑学家和诡辩家的批判像鹦鹉学舌一样聒噪，像老妇人的裹脚布一样，又臭又长。愚顽至极的他们却总相信自己正确无误，“以致世界上所有的论断都不能说服他们接受相反的论点。”经院哲学家愚昧无知、自高自大，“尊自己为智慧的唯一宠儿，把其余的人看作宇宙间的污秽和垃圾”，他们只是“筑起空中楼阁，在真空中建立无限的世界”。他们整日考虑的是一些荒诞无稽的问题：

耶稣，作为圣子，是否对圣父上帝和圣母有着双重特别明显的关系？三位一体中第一个人恨第二个人，这个命题是否可能正确？上帝使我们的天性像他，作为一个男人，他是否同样可以变成一个妇女、一个魔鬼、一只野兽、一棵野草或者一块石子？如果神性有可能以任何无生命的物质的形式出现，那么他怎样讲得了道呢？他又怎样被钉在十字架上呢？如果在我们的救世主悬在十字架上的时候，圣保罗赞美着圣餐，那么圣餐面包会不会化为留在树上的身体呢？耶稣的肉体出现在圣饼里，他的人性会不会从他的神性抽出呢？我们是否复活以后会像今生那样大吃大喝呢？

伊拉斯谟还认为，那些空想的神学家和经院哲学家，他们整日无所事事，把光阴都耗费在对那些虚幻玄妙、晦涩难懂的东西的揣摩，而把充满了上帝的真理与智慧的《圣经》置之一边，从不去体会上帝的启示和教义，日日夜夜专务虚能，把废话当做箴言满口喷粪。

伊拉斯谟还认为僧侣是“精神错乱的蠢物”，他们简直不带一点宗教气味，不了解真正的教义。他们任意解释《圣经》，武断地作出荒谬的结论。“如果有人敢于反对他们的决定，他们将使他屈服，改变他的主张，承认自己冒昧”，甚至扣上异教徒的罪名，将之轰出教会。

伊拉斯谟用犀利的词句讽刺僧侣纵情荒淫的生活，对他们给予了无情的揭露和痛击：“喝得痛快，活得长久，尽情寻欢，你们这一些出色的醉心于愚行的人们！?”

他又说：

他们徒然遮遮掩掩，徒然想在凡夫俗子面前诽谤肉欲享受，最恶毒地咒骂它，纯粹是装腔作势！他们设法使别人远离肉欲享受，为了自己更痛快地享受。但是神明在上，请他们告诉我，如果没有欢乐，也就是说没有疯狂来调剂，生活中的哪刻哪时不是悲哀的、烦闷的、不愉快的、无聊的、不可忍受的？在这儿我本来只要引用索福克勒斯的话来作证就行了，这是一位伟大的最值得赞颂的诗人，他对我（指愚人）十分称颂，他说：最愉快的生活就是毫无节制的生活。

伊拉斯谟严厉指出教会唆使别人去追求那虚无缥缈的幸福来世，而教徒和僧侣们却过着荒淫放荡的生活。

伊拉斯谟认为，人的天性是美好的、纯洁的，而一旦陷入罪恶的尘世就受到了毒害和污染，所以他歌颂纯朴、善良的具有“无邪的天性”的愚人，认为应“只靠大自然的意志生活”。他的思想含有“绝圣弃智，民复孝慈”的意味。他的《愚人颂》与卢梭的《爱弥儿》有许多相似之处。它们都认同社会是恶的，人性是善的，要用善去感化人性。

伊拉斯谟也正是在此与马丁·路德不一致，最终两人分道扬镳。伊拉斯谟说，自由意志是人的天性，只有自由、快乐、知识和理性才是真正良善的道德。

伊拉斯谟认为，愚人活得潇洒、自由自在，是性情中人，他们当哭则哭，想笑则笑……愚人往往都知道自己是一个什么样的人，而那些自以为聪明、圣贤的人却忘了真实的自己！对于他的这种观点，我们从他《愚人颂》中的经典之言也可一目了然：

1. 友谊的幸福是以愚蠢为基础的：对你朋友的错误眨眨眼而过，睁一只眼闭一只眼，造一场幻象，睁着眼睛把错误说成美德——这难道还不够愚蠢吗？

2. 婚姻的美德：假如一个男人想作为一个有智慧的人过一种正常的生活，而且先掂量一下作为一种生活方式的不利方面，那谁还会心甘情愿地把脑袋放在婚姻的祭坛上？假若一个女人懂得或者想一想怀孩子、生孩子的危险和痛苦，还有养孩子的麻烦，那么还有哪一个女人愿意嫁个汉子？因此说，假若你把生活交给婚姻，就是把婚姻交给疯狂……

3. 最明智的人远离幸福：哲学家“搜索遍自己的书房就指望掌握上帝的世界”，他“咀嚼一只干瘪的豆子，和甲虫和虱子长期鏖战”，就指望实现自己的学术雄心无论如何是无效的，因为不能指望掌握任何一个学科的全部。

4. 历史上的伟人都是愚人：基督尽管是上帝智慧的体现，也让自己显得有点像个愚人，目的是要对人的愚蠢助以一臂之力，所以他呈现出人的本性，看上去是具有人的形式，正如他让自己成为罪人，才得以为众罪人赎罪那样。

5. 生命的起源归于"愚人"：因为聪明人估量出婚姻的不利之处，不愿意作茧自缚，也不愿意重蹈覆辙，所以普通人的婚姻只能归功于"狂热"和"遗忘"，这俩都是"愚人"的侍从。

6. 人生的幸福由"愚人"提供：因为快乐是"愚人"的调味品，"无知是最幸福的生活"。

7. 任何人离"愚人"越远就越少生机和活力，因为"愚人"能提供"遗忘"，能使人变得糊涂愚蠢，从而免去头脑清醒时所感到的种种烦恼忧虑。"只有愚蠢能阻止青春逃逸，挡住无情的老年前进。"

《愚人颂》激烈抨击了教会，他根本就不会支持路德的宗教改革，他也多次声称自己是路德的对立面。他很同情路德的做法，更痛恨路德的弊病。伊拉斯谟认为，新教赶走了主教和教皇，但新教依然在狂人的统治下，旧的枷锁打破了，又套上了同样沉重的新的枷锁。伊拉斯谟并不害怕斗争，也不害怕挑战，但是为什么他却在一场激烈的宗教纷争之中，悄然遁隐了呢？因为他是一个有仁德的人，他不希望看到把上帝的仁慈、博爱和一切至善的教义都搬到战场上去厮杀。他本人也认为真正的教理不是用武力所能解决的。人的信仰是靠道德和正义至善去感化的。所以最后他在唇枪舌战之中离去了。从此时起直至他老死，他的声望也随之泯灭，但是真理是不言自明的，谁的路更长久更成功，只有上帝知道！

伊拉斯谟在写此书的时候，就给出了冷嘲热讽的基调，他说：

既然人类一味地要疯疯癫癫，既然世上每个人——上至教皇下至唯唯诺诺的乡村牧师；从腰缠万贯的富翁到沿街乞讨的乞丐；从身着锦缎的窈窕淑女到布衣裹身的村妇，整个世界横下心来不用上帝赐予的大脑，而一味的受贪婪、虚荣和无知的奴役，那么，神明在上，真正有才智的少数几位为何还要费如此多时间，花如此大的气力，去使人类变成他们自己从未想要变成的那个样子？任他们去沉溺于愚笨吧，别去剥夺最能令他们自得其乐的东西——能够自我愚弄的大权。

在《愚人颂》里，伊拉斯谟认为，推动世界运动的不是理性而是愚蠢的欲望。他又接着假想，一个愚人身着长袍，看似学者的样子，头上却戴着顶愚人的帽子，在懒惰、遗忘、自恋、酣睡、肉欲、疯狂、娇纵和享乐的醉梦中登上了讲台，面对着一批各个阶层、各种身份的听众侃侃而谈。伊拉斯谟借愚人之口，冷嘲热讽，对那个时代所有的制度、风俗、人和信念，以及婚姻、战争、国家主义、律师、科学家、学者、神学家、国王和教皇们等予以了最为尖酸刻薄的嘲讽。

在伊拉斯谟看来，甚至，那些试图揭开大自然的奥秘，探索未知世界的科学家也是同等的滑稽可笑：

当他们为自己建立了无数个领域时，当他们好像手拿皮尺，一寸寸的测量太阳、月亮、星星和其他天体时，当他们解释雷电、风雨、日月食和其他神秘现象成因时，他们毫不犹豫，似乎他们是赋予创造力的大自然的私人秘书，是上帝的议会代表下凡人间。当他们大吹大擂时，大自然却洋洋洒洒地嘲笑他们，笑他们的臆断。

由此可见，人类都在愚人的“关照”下获得了新生。那些渴慕捞钱的商人、追求永恒的诗人，还有一听到骰子滚动声就“心跳加速”的赌徒都受到过愚人的眷顾和恩赐。

伊拉斯谟讽刺教皇和主教们像一头愚蠢的公驴一样叫喊着赞美诗。他们对其中义理一无所知，却还自以为那种声音就是上帝的神性之音，托钵僧们沿着街嚎叫……都是一群无知肮脏、厚颜无耻的泼皮无赖。

为了纪念著名的学者、教育家伊拉斯谟，人们后来设立了“伊拉斯谟”计划。该计划是欧洲高等教育领域的一个合作性的学生交流项目，其每一课程都是由欧洲几所大学联合经营。

他的《愚人颂》也是唯一的至今仍在广泛阅读的作品。伊拉斯谟认为，为了争取个人的幸福生活，而时时把其作为目标来生活的人是极其愚蠢的。他说，这就是我们自己通过夸张、欺骗、卑劣的手段，奉承别人欺骗自己。

《愚人颂》虽称不上是一个教育论著，但它对当时教育的影响却超过当时任何一部教育著作。它抨击了当时知识界和教会的腐败，高扬原始基督教道德的旗帜，揭示出教育的最高目的在于德行和虔诚，指出了：“教育的首要任务是在青年的头脑里播下虔诚的种子。”

《愚人颂》拉开了人文主义的序幕，讽刺了虚伪腐朽的教会，为人们指明了道德和理想的信仰之路，辛辣地讽刺现实，针砭时弊。正如20世纪的大作家茨威格所说：“《愚人颂》除去其狂欢节的面具，便是当时最危险的书之一。在我们看来，它仿佛是诙谐的烟花，其实却是一颗轰开通向德国宗教改革之路的炸弹。”

第九章

培根的散文集

培根是一位经历了诸多磨难的贵族子弟，复杂多变的生活经历丰富了他的阅历，随之而来的是他的思想成熟、言论深邃、富含哲理。《培根随笔集》是他的代表作，是英国随笔文学的开山之作，也是西方名著中的经典著作。它以其简洁的语言、优美的文笔、透彻的说理、迭出的警句，在世界文学史上占据了非常重要的地位，“读之犹如聆听高人赐教，受益匪浅”。被译成多种文字出版，至今畅销不衰。它曾被美国《生活》杂志评选为“人类有史以来的20种最佳书”之一。他的随笔主要是收录了一些议论性质的短文，涉及到政治、经济、宗教、爱情、婚姻、友谊、艺术、教育、伦理等方方面面，其中的《谈读书》、《论真理》、《论嫉妒》、《论死亡》、《论美》写得语言简洁文笔优美，说理透彻，警句迭出，蕴含着培根的思想精华，是他的著名篇章，也是培根文学方面的代表作。

在《论求知》中，培根说道：“人的天性犹如野生的花草，求知学习好比修剪移栽。”可见求知可以改变人的命运，在我们的一生中是相当重要的。

在《论友谊》中，培根说道：“如果你把快乐告诉一个朋友，你将得到两个快乐；而如果你把忧愁向一个朋友倾吐，你将被分掉一半忧愁。”这说明了朋友是我们身边必不可少的一个角色，可以为我们的生活增添色彩。

第一节
“命运蹙眉”的培根

当命运微笑时，我也笑着在想，她很快又要蹙眉了。（培根）

弗朗西斯·培根是英国近代唯物主义哲学家、作家、思想家和科学家。他竭力倡导“读史使人明智，读诗使人聪慧，数学使人精密，哲理使人深刻，伦理学使人有修养，逻辑修辞使人善辩”。他推崇科学的进步和发展，崇尚知识的力量和作用。一生追求真理的培根就这样被马克思称为“英国唯物主义和整个现代实验科学的真正始祖”。

他在逻辑学、美学、教育学方面也提出了许多思想。他的随笔集从各个角度论述了广泛的人生问题，其中不乏精妙、深邃的哲理，至今仍受读者喜爱。

培根尖锐地批判了中世纪经院哲学，提出必须清除它给人们造成的假象。他主张要全面改造人类的知识，使整个学术文化从经院哲学中解放出来，实现伟大的复兴。他还提出了“知识就是力量”的口号。他认为感觉是认识的开端，它是完全可靠的，认为知识和观念都起源于感性世界，感觉是一切知识的源泉。他认为必须借助于实验弥补感官认识的不足，深入揭露自然的奥秘。

他承认自然界是物质的，认为构成一切事物的最小单位就是分子，它是有限的不变的。千差万别的事物都是由它的不同排列和组合构成的。他指出运动是物质固有的属性，运动是有规律的，运动的形式也是多种多样的。

他还非常重视归纳法，并认为归纳法是唯一正确的方法。然而，可惜的是，他否认了演绎法的作用。他的哲学具有神学的关联，他承认上帝存在和灵魂不死，认为哲学和神学应当双修，它们是双重真理。

他在唯物主义哲学方面的贡献很大，他写就了《新工具》、《学术的进步》、《新大西岛》等著作，其中代表作《新工具》，在近代哲学史上具有划时代的意义和广泛的影响，哲学家就把他的这部《新工具》看成是从古代唯物论向近代唯物论转变的先驱。

培根是伊丽莎白一世手下一位高级政府官员的次子。他在剑桥大学三一学院学习了一段时间就中途退学，没有获得任何学位。

16 岁的培根就开始了政府官员的生涯，23 岁被选为英国下议院议员。然而，不幸的是，他的父亲在他 18 岁时去世，没有为他留下人才财产，人生之路都靠他自己一个人去拼搏。虽然他有高朋贵亲和显赫的才华，但仍然没有受到伊丽莎白的赏识。由于他在议会中果敢地反对女王坚决支持的某项税务法案，伊丽莎白拒绝委任他任何要职。

培根生活奢侈，挥金如土，“借”债累累，无所顾忌。曾经甚至有一次，他因欠债而被捕。培根命运坎坷，经历波折，但是他还是有了很多机遇。不久，踌躇满志、深得民心的青年贵族埃塞克斯伯爵很欣赏他，就让他做了自己的朋友和顾问，并且经常慷慨地帮助他。

但是埃塞克斯野心膨胀，即使在培根的忠言劝告下，他仍然发动了一场推翻伊丽莎白女王的政变。事愿未遂的埃塞克斯最终以失败告终，这时，培根不仅没有袒护和庇佑他的好友，反而助纣为虐，落井下石，使犯有叛国罪的埃塞克斯被斩首。虽然整个事件已经过去，但是培根毫无人情的冷酷和大义灭亲的举动还是惊动了人心，许多人开始感觉培根很可怕。

当伊丽莎白女王去世后，培根平步青云，扶摇直上，他成为她的继承人詹姆斯一世的顾问。在詹姆斯统治期间，仅仅十几年的时间，他从爵士到顾问，从顾问再到副检察长，从副检察长到首席检察官，从首席检察官又到大法官，还被封为男爵、子爵。

与此同时，培根还把才能和兴趣投入到对科学真理的探求上。这一时期，他在学术研究上也取得了巨大的成果，并出版了多部著作。

但是物极必反，乐极生悲，培根随后便大难临头。作为一个法官，培根竟然当面接受诉讼当事人 4 万英镑的“礼物”。培根违反法律，也给了他的议会政敌一个可乘之机，他的政敌也想趁着这个机会把他踢下去。培根招供了，被国会指控贪污受贿，被高级法庭判处罚金 4 万英镑，并监禁于伦敦塔内，终生不得担任任何公职，不得进入宫廷。虽然后来在国王的帮助下，罚金和监禁皆被豁免，不久培根也被从狱中释放出来，但是培根却也因此而身败名裂，默养残生了。

在 1626 年的一天，培根坐车路过一片雪地时，他突然想做一次实验，他宰了一只鸡，把雪填进鸡肚，他想看一看用雪冷冻来防止死鸡腐烂，效果究竟如何。但由于他身体孱弱，经受不住风寒的侵袭，支气管炎复发，最终病情恶化，与世长辞。培根死后，亨利·沃登爵士为他题写了墓志铭，称他为“科学之光”、“法律之舌”。

第二节 尽善而未尽美的思想

人们说得好，真理是时间的女儿，不是权威的女儿。(培根)

培根是一个哲学家，他一开始就探索实验方法的各种可能性，他说他要做科学上的哥伦布。培根是第一个意识到科学及其方法论的历史意义的人。他试图通过科学的一般方法来表明其应用方式，希望能给新科学的运动发展注入动力和指明方向。1605年他出版了第一本书《学术的进展》。相隔15年之后，他著作了《学术的伟大复兴》，这本书分为六个部分，而培根却只写到了第二部分就离世而去。

在这部著作里他提出了以观察和实验为基础的科学认识理论，作为归纳法理论逐渐为人所知。培根认为对自然的科学理解和技术控制都是运用科学方法的成果。他以印刷、火药和罗盘的发明为例，证明近代人比古希腊人的知识高明得多。

培根说：

因此促进科学和技术发展的新科学方法，首先要求的就是去寻找新的原理、新的操作程序和新的事实。这类原理和事实可在技术知识中找到，也可在实验科学中找到。当我们理解了这些原理和知识以后，它们就会导致技术上和科学上的新应用。

培根曾请求詹姆斯命人去搜集各方面的知识。他认为把大量事实搜集起来建立一个百科全书式的著作，他就能够解释自然界的所有现象。他在研究方法上的独创之见就是以实验和归纳作为科学方法观。然而，他的这种研究方法直到19世纪地质学和生物学进化论的发展，才受到人们的重视。

培根是第一个提出以归纳研究科学的人，他力图找出优于所谓"单纯枚举归纳"的某种归纳。单纯枚举归纳可用一个寓言来说明：

昔日有一位户籍官须记录下威尔士某个村庄里全体户主的姓名。他询问的第一个户主叫威廉·威廉斯；第二个、第三个、第四个户主……也叫这名字；最后他自己说："这可腻了！他们显然都叫威廉·威廉斯。我来把他们照这登上，休个假。"可是他错了，单单有一位名字叫约翰·琼斯的。

这就说明了如果无条件地去信赖单纯枚举归纳，那么很有可能会走上岔路。培根相信他能够把归纳做成一种比较高明的东西。如，他试图通过作出各种热物体的一览表、各种冷物体的表，以及热度不定的物体的表来显示某种特性。

凭借着这一方法，他指望得到普遍性的一般法则。但是，他的归纳法由于对假设的前提没有做出足够的重视，所以总会有多多少少的漏洞出现。单纯枚举归纳问题到今天依旧是一个悬案。无论是培根还是他的任何后继者，都没有从中找到一条出路。

培根之所以用归纳法和实验法去研究科学，他认为，当时的学术与经验失去了接触。他提出热的本质是运动，热出现的时候总会有运动存在。他还认为，产生可感觉到的热效应的运动具有原子的特性等。

尽管培根对科学很感兴趣，但是他却忽略了当时科学中大部分正进行的事情。他否定哥白尼学说，忽略了纳皮尔和开普勒，不曾知道解剖学的先驱维萨留斯。他对自己的私人医生哈维的工作也茫然不知。哈维在培根死后公布了他的血液循环发现，但是人们总以为培根会知道的，而培根却不闻不问，一无所知。哈维也不高看培根，他说“他像个大法官似的写哲学”。

培根不仅瞧不起演绎推理，也瞧不起数学。他虽然不否认自然万物的历程显示出神的意旨，却反对目的论解释。演绎的数理推演在科学中起了很大的作用，而这正是培根所否认和反感的方法。培根对自己的方法的评价是，整理科学必须依据观察资料。他说，我们既不能像蜘蛛那样，从自己肚子里抽丝结网，也不能像蚂蚁一样，只采集食物，而必须像蜜蜂一样，既采集又整理。

培根在哲学上最大的贡献在于提出了唯物主义的原则，制定了系统的归纳逻辑，强调了实验对认识的作用。他认为，世界是不以人的意志为转移的客观存在，人的认识只有通过感性从客观外界获得。他说：“人是自然界的仆役和解释者，因此他所能做的和所能了解的，就是他在事实上和思想上，对于自然过程所见到的那么多。”他认为，认识的真实和存在的真实是一样的，“其间的差别不过是直接的光线和反射的光线而已”。

在培根看来，认识必须从经验开始，客观的事物只有通过人的感官，才能被人们所感知，用他的话来说就是，“个体首先要刺激感官，感官就是理智的入口和门户”。然而，他只是强调了感官是人认识外界的一个必经通道，而并没有说从感官获得的知识都是正确的。他还认为感官本身有局限性，“断定感官为衡量万物的尺度，是很大的错误”。从这里我们可以看出，培根的确是一位思想深邃的哲学家。

通过他的比喻，我们可以清楚地看到，他说蜜蜂采蜜，必须经过自己的加工，才能造出香甜可口的蜂蜜。人的认识也一样，人用自己的大脑，把获得的材料，“加以改变和消化而保存在理智中”，这样才能形成真正的知识。要认识自然，就要破除人的心智方面的种种障碍，实现理智的解放。他说：“心智远不能同一面清明光洁的镜子的性质相比，在这镜面上事物的光线能按其真实的入射角而反射；不，它毋宁是一面受到蛊惑的镜子，如果不解除其魔障，恢复其原状，则充满迷信和欺诈。”

在评价培根的方法论时，马克思曾说：“科学是实验的科学，科学的方法就在于用理性的方法去整理感性材料，归纳、分析、比较、观察和实验是理性方法和重要条件。”

第三节
培根的经典——《散文集》

人的一生是短暂的、不完美的，但只要活得充实有意义，那么这一生就没有遗憾！（培根）

培根不仅是一位科学家、哲学家，他还是一位文学家，他在文学、哲学方面成就显赫。他的《论说文集》、《培根人生论》都充满了人生哲理，令我们今天的读者都还津津乐道。

他的《论说文集》写得文笔优美、语言凝练、寓意深刻。培根从各种角度论述了他对人与社会、人与自己、人与自然的关系，作出了许多独到而精辟的见解，使许许多多的读者从中受益匪浅。如：

一个自身无德的人见别人有德必怀嫉妒。

没有友谊，则世上不过是一片荒野。

最能保人心神健康的预防药，就是朋友的忠言规谏。

培根作品《论说文集》像鸟中的蝙蝠一样，永远是在黄昏中飞的。

疑心使君王倾向专制，丈夫倾向嫉妒，智者倾向寡断和忧郁。

狡猾就是一种阴险邪恶的聪明。一个狡猾人与一个聪明人之间，却有一种很大的差异，这差异不但是在诚实上，而且是在才能上。

顺境的美德是节制，逆境的美德是坚忍。这后一种是较为伟大的一种德性。

他的《培根人生论》语句简洁、文笔优美、文字经典、用语洗练、哲理深邃、格言精妙、趣味隽永历百年而未衰，被译为几乎所有的文字。它与《蒙田随笔》、《帕斯卡尔思想录》一起，被人们誉为欧洲近代哲理散文三大经典。它包含许多洞察秋毫的经验之谈，探讨了许多人生至理。如：

有妻室儿女者已向命运付出了抵押品……

——《谈婚嫁与单身》

青年人更适之发明而非为判断，更适之实干而非为商议，更适之创新之举而非为既定之业……老年人否定之多，磋商之久，冒险之少……若青老两结合，必将受益匪浅……因为彼此可以取长补短……

——《谈青年和老年》

房龙就称，培根的随笔给我们提供了一种尘世中的智慧，它让我们变得充满理性并世事洞明。培根是一位经历了诸多磨难的贵族子弟，复杂多变的生活经历丰富了他的阅历，随之而来的，是他的思想成熟、言论深邃、富含哲理。《培根随笔集》是他的代表作，是英国随笔文学的开山之作，也是西方名著中的经典著作。它以其简洁的语言、优美的文笔、透彻的说理、迭出的警句，在世界文学史上占据了非常重要的地位，“读之犹如聆听高人赐教，受益匪浅”。被译成多种文字出版，至今畅销不衰。它曾被美国《生活》杂志评选为“人类有史以来的20种最佳书”之一。他的随笔主要是收录了一些议论性质的短文，涉及到政治、经济、宗教、爱情、婚姻、友谊、艺术、教育、伦理等方方面面，其中的《谈读书》、《论真理》、《论嫉妒》、《论死亡》、《论美》语言简洁，文笔优美，说理透彻，警句迭出，蕴含着培根的思想精华，是他的著名篇章，也是培根文学方面的代表作。

在《论求知》中，培根说道：“人的天性犹如野生的花草，求知学习好比修剪移栽。”可见求知可以改变人的命运，在我们的一生中是相当重要的。

在《论友谊》中，培根说道：“如果你把快乐告诉一个朋友，你将得到两个快乐；而如果你把忧愁向一个朋友倾吐，你将被分掉一半忧愁。”这说明了朋友是我们身边必不可少的一个角色，可以为我们的生活增添色彩。

他的《论真理》是这样写的：

“真理是什么东西？”彼拉多当年玩世不恭地取笑说，他提这个问题是不指望得到答案的。世人多数心随境变，他们认为坚持一种信念就等于自戴一种枷锁，会使思想和行为无法自行其是。虽然作为一种学派的怀疑论早已消逝，但持这种观点者却仍大有人在——尽管他们的观念未必像古人那样清晰而透彻。

使人们宁愿追随诡言，而不去追求真理的原因，不仅由于探索真理的艰苦，也不仅由于真理会约束人的幻想，而且是由于诡言更能迎合人性中的那些恶习。后期希腊有一位哲学家曾探讨过这个问题，因为他不能理解，为什么一些欺世诡言竟能如此迷人，尽管它们既非像诗歌那样优美，又不像经商那样能使人致富。我也不懂这究竟是为什么——难道人们仅仅是为了爱好虚假而追求虚伪吗？也许因为真理好像阳光，在它照耀下人世间所上演的那种种假面舞会，远不如在半明半暗的烛光下梦幻而华丽。

对世人来说，真理犹如珍珠，它要在阳光的照耀下才变得明亮。真理不是那种红玉或钻石，需要借助摇曳不定的烛光而幻化出五色缤纷的浮光……

从《培根随笔集》的“论真理”中，我们可以看到一个热爱哲学的培根。培根的散文把人生的各个方面都论了一个明白，论真理、论死亡、论读书、论哲学、论宗教、论教育、论生活、论爱情、论友谊、论艺术、论命运等。虽然每一篇都是短短的，但却使人们开阔眼界，受益匪浅。

他在教导父母怎么对儿女时，颇有见地地指出："父母对子女在管教上要严，在钱财上宜松，这才是上策。"可人们往往不够明智，怂恿子女在年幼时互相攀比，以至成年时兄弟失和，家无宁日。培根认为，孩子的可塑性最大，家长应当从小培养他们对某一事物的兴趣爱好，让他们的天性在自己的路途自由的成长，要因材施教。也不可过分迁就儿女的心愿，以为他们会为早年的爱好而奋斗终生。如果子女有强烈的爱好和超人的天赋，那就在他们自由发展的同时还要适时地指导和给予建议。培根还说，"子女加重了父母对生活的忧虑，却也减轻了父母对死亡的恐惧。"只用了两句话就把父母与儿女的关系说得那么透彻，难怪雪莱评价他，"培根的文字是一种优美而庄严的韵律，给感情以动人的美感，他的论述中有超人的智慧和哲学，给理智以深刻的启迪"。

培根是近代自然科学的鸣锣开道者。他最早阐述了科学的目的、性质，表达了近代科学观，发展了科学的正确途径，总结出科学实验和归纳法。他的这些理论都对近代科学的发展起到了指导作用。人们可以把他与科学时代的先驱笛卡尔相提并论。培根比笛卡尔更多地强调观察和实验的重要性。

培根的确是一位真正的现代哲学家。他拥有现世的世界观，而不是宗教神学的世界观，他是一个理性主义者而不是一个盲目地崇拜迷信的信徒，他是一个经验论者而不是一个诡辩玄谈的学者。在政治上，他很注重现实而不是空谈理论。他那渊博的学识连同精彩的文笔与科学和技术相共鸣。

马克思、恩格斯就称培根是"英国唯物主义的第一个创始人"，是"整个实验科学的真正始祖"。

第十章

笛卡尔论灵魂的激情

《论灵魂的激情》是笛卡尔晚年的著作，笛卡尔认为，人一定是两个不同的东西的结合物。也就是说，人是灵魂和肉体的结合。身体是属于自然的一部分，是等同于他的物质机械的那一部分，而心灵是灵魂的那一部分。也就是说，心灵是一个思维的存在体。如果把一个人看作是运转的机械的话，那么人的心灵或者灵魂就是机械的主导和操控者。身体不同于死亡的，就好像已经停止了的钟摆和正在摆动的钟摆一样，它们都是同在的。而身体没有死亡，是因为灵魂驻守在里面。一个人的灵魂一旦脱离了肉体，那么这个人就会死去，身体也就僵化。而一个人的肉体一旦被破坏，那么灵魂就无法在这里寄居，就如同一个从即将坍塌的房屋中跑出来的人一样，灵魂也会逸飞。

无论如何，灵魂和身体总是一个封闭的整体，就像一个时刻围绕太阳运转的地球一样，他走着自己的轨道，时刻运转。笛卡尔说，“我的灵魂在身体中，就像舵手在船上”，灵魂是身体的指挥者和驾驭者，它可以“直接”调动身体，也能够感受到在身体中的“疼痛”或其他感觉。有灵魂的人就好像是一个有司机驾驶的一辆车一样，而没有灵魂的人则只能是一个随波逐流的小船，船上没有舵手也没有水手，船是一只空船，没有载重也没有航向，漫无目的地漂游。

第一节 笛卡尔浪漫而遗憾的一生

一个人为情感所支配，行为便没有自主之权，而受命运的宰割。（笛卡尔）

笛卡尔的父亲是一个地方议会的议员，同时也是一个法官。还在襁褓中的笛卡尔就失去了母亲，他的母亲在他一岁的时候就早早地离开了人世。母亲给笛卡尔留下了一笔遗产，使笛卡尔在以后的人生之中可以不用再为求学的资本而感到苦恼了。虽然他幼年体弱多病，但是他的童年还是在无忧无虑中度过的。

母亲病故以后，小笛卡尔一直都是被一个保姆照料。保姆发现这个小笛卡尔天资聪明、慧性极深，对周围的许多事物都充满了好奇，遇事总喜欢研究为什么，是怎么来的，又是怎样形成的等等。父亲也看出来他喜欢沉思和思考，发现他身上有一股很浓的哲学气，就亲昵地称他为“小哲学家”。

可能是天妒英才吧，小笛卡尔自幼多病，甚至上学都不能自理。校方为了照顾他孱弱的身体，特准他可以不按照学校的规定来做，早晨也可以不用到学校上课，让他在床上读书。所以，孱弱的身体和孤寂的内心就养成了他终生沉思的习惯和孤僻的性格。

安静幽寂的环境氛围影响和塑造了他的性格，他就一个人经常躺在床上冥思苦想，他喜欢思考，也善于思考，久而久之，思考和沉思似乎就成了伴随他终生的伙伴，一直追随着他，在他的头脑中创造奇迹。

父亲希望他将来能成为一名神学家，所以在他8岁的时候就被父亲送到了耶稣会学校进行学习。在那里他接受了古典的教育。小笛卡尔从8岁开始学习了8年，他系统完善地学习了古典文学、历史、神学、哲学、法学、医学、数学及其他自然科学。

8年的学习生活，使他深刻地认识到书本上的许多知识都没有深刻、严密的论证，许多东西都是模棱两可，“以其昏昏，使人昭昭”。他虽然在8年之中学了很多东西，但是他感觉那些都是没有用的，也许只有数学还可以给予他安慰吧。

于是，他就开始怀疑书本上知识的可靠性，逐渐地用自己的思考习惯和严密的思维逻辑来论证问题。在快要结束学业的时候，他暗暗地为自己定下了一个目标，再也不去学那些课本上的死知识，他要自己去开拓和研究知识的未知领域。

笛卡尔1612年到1616年都在普瓦捷大学攻读法学和医学，他对各种知识都充满了兴趣，尤其是对数学情有独钟。

当笛卡尔结束学业后，他便逃离束缚人心的基督神学信仰的传统，开始探索自己的科学人生之路。于是，他想放下一切的知识和学问，去参加军队，希望能够在军队中，在游历的历程中使他更开阔眼界，学习更真实可靠的知识。

在军队服役和周游欧洲中他继续注意“收集各种知识”，“随处对遇见的种种事物注意思考”，他探索的本性得到了尽情的发挥，也得到了最大的体现。

在笛卡尔游历期间对他产生重大影响的经历有好几次。有一次，笛卡尔正在街上散步，偶然间，他发现了在路旁公告栏上用佛莱芒语提出的数学问题。这个问题在征求答案，而当时还没有人回应。

就是这个偶然的机会，引起了他强烈的兴趣。他请教身边的人帮他把佛莱芒语翻译成拉丁语。而当时站在他身边的，被他请求的那位就是在数学和物理学方面有很高造诣的以撒·贝克曼。

贝克曼为他翻译了这个数学问题，并且还对笛卡尔悉心教导。

很快他就成为了笛卡尔的心灵导师。4 个月之后，笛卡尔认识到了这位导师在自己的人生途中的启发，就写信给贝克曼说道："你是将我从冷漠中唤醒的人……"并且还告诉他，自己在数学上有了四个重大发现。

据说，笛卡尔曾经还在一个晚上连续做了三个奇怪的梦。第一个梦是，他被狂风暴雨吹到了一个很远很远的地方，已经超出了风所能及的地方；第二个梦是，他自己在寻觅中竟然找到了一把钥匙，他能够用这把钥匙打开自然的宝库，并在自然宝库之中任意畅游；第三个梦是，他在一条路上行走着，行走着，在不知不觉中就走到了真正知识的殿堂。这三个奇怪的梦虽然只是虚幻的影像，但却增强了他创立新学说的信心，给了他无比强大的精神支柱和雷厉风行的进取之心。

有梦就有远方，这一天就是梦开始的地方，也是解剖几何学诞生之地。在军旅生活中，笛卡尔的确学到很多东西，也遇到自己人生之中稀有的贵人，但是漫长的岁月使他感到军旅的疲惫，他的心灵和探索再也不想在戎马倥偬的生涯中度过了。相隔几年后，他先后到了法国、荷兰、瑞士、意大利。在 1628 年笛卡尔移居荷兰后，他开始对哲学、数学、天文学、物理学、化学和生理学等领域进行了深入的研究和分析。他的主要著作几乎都是在荷兰完成的。1629—1649 年期间，他在荷兰写成了《方法谈》及其附录《几何学》、《屈光学》、《哲学原理》等。

然而，在他离开军队各国浪游的历程中，其人生惨淡的光景，苦不可言。他从军队回到法国，法国一片混乱，到处都是屠杀和枪声，瘟疫泛滥，黑死病流行，不堪入目。穷困落魄的笛卡尔在万般无奈之下，逃离了法国。初到荷兰，他身无分文，饥饿难耐。在荷兰流浪的笛卡尔当了乞丐。一天，他在市场上乞讨时，有一群少女在他面前经过，其中的一名少女发现他的口音不像是瑞典人，于是，这个美少女就对笛卡尔非常好奇。

少女向前询问他道：你从哪儿来的啊？

笛卡尔：法国。

少女：你是做什么的啊？

笛卡尔：我是数学家。

也许是机缘巧合，也许是上帝对数学家平生的眷顾吧，这个活泼可爱的美少女，竟然也喜欢数学，并且是一个名叫克丽丝汀的18岁公主。

当她听到笛卡尔说出此话的时候，兴奋不已，心想“终于找到可以辅佐我学习数学的人了，他是一个数学家，莫非是上天的恩赐？”她立刻让笛卡尔换了一身衣装，并邀请他回宫授课。

自然而然，笛卡尔就成了她的数学老师，笛卡尔很感激克丽丝汀的搭救之恩，为了报答她，这位天才数学家就把他一生的数学研究倾囊相授。在笛卡尔的教导和指引下，这个略知皮毛的小姑娘竟然进步神速。

笛卡尔教授了她直角坐标，当时笛卡尔是创立坐标的第一人，因此，小克丽丝汀就成了第二人。直角坐标成了他们共同的默契，只有他们俩才能看懂。

师生俩朝夕相伴，不久，小克丽丝汀的活力和激情点燃了笛卡尔内心的感情圣火，而笛卡尔的睿智和才学也让小克丽丝汀迷恋得神魂颠倒，他们之间日久生情，爱火日炽，一段难忘而浪漫的师生恋开始了。

然而，甜蜜的爱情依恋和精湛的数学交融并没有过多久就被国王破坏了。当国王得知笛卡尔与自己的女儿发生爱恋时，顿时火冒三丈，他要下令立刻把笛卡尔处死！小克丽丝汀心疼自己的恋人，怕令她尊重的老师，令她爱慕的天才被父亲处死就以自缢相逼，国王害怕自己的宝贝女儿真的会想不开，于是，将笛卡尔放逐回法国，并将克丽丝汀软禁了起来。

回到法国后，笛卡尔就一卧不起，爱情的痛苦折磨和黑死病的侵染使他再也没有了活下去的激情和信心。他躺在床上奄奄一息，就只等待着上帝的一声召唤了。

在病榻之上，深情依恋的笛卡尔还不断地给自己心爱的学生，情有独钟的恋人克丽丝汀写信。但是他写的所有的信全都被国王拦截没收了。

所以，虽然笛卡尔一往情深，但是克丽丝汀一直没有收到笛卡尔的真情话语……在笛卡尔即将离去的时候，他总共寄出了13封信，当他把第13封信寄出去没有多久，就气绝身亡了。

这封信也是寄给自己心爱的姑娘克丽丝汀的，但是这封信却很独特，他并没有写自己对爱情的期待和依恋，也没有倾诉自己对恋人的渴慕和思恋，信里面只有短短的一行……

当国王拦截到这封信之后，他拆开一看，惊奇地发现这并不是一如往常的情话。国王看不懂这个数学公式，于是，他就找来了城里所有的科学家来研究，但是都没有人解开到底是什么意思。

国王心想……既然笛卡尔快要死了，而且他也软禁了公主，所以，就把信交给了克丽丝汀。

当克丽丝汀拿到这封信时，欢呼雀跃，她很高兴她的爱人还在思念、渴慕着她。她立刻动手研究这行字的秘密，没多久就解出来了，用的就是直角坐标图。

当 $\theta=0°$ 时，$r=a(1-0)=a$ ……A点

当 $\theta=90°$ 时，$r=a(1-1)=0$ ……B点

当 $\theta=180°$ 时，$r=a(1-0)=a$ ……C点

当 $\theta=270°$ 时，$r=a(1+1)=2a$ ……D点

把A、B、C、D四点用弧线连接起来……

当克丽丝汀把四点连接起来时，惊奇地发现这就是有名的心脏线！这就是笛卡尔和克丽丝汀之间的秘密数学式……不久之后那位国王也死了，克丽丝汀继承了王位，登基之后她马上派人在欧洲四处寻找笛卡尔的踪迹，可惜天才已经离她而去了。

传说，这第13封的另类情书还保留在欧洲的笛卡尔纪念馆里……这就是笛卡尔的情书，也是他一生爱情的写照。

晚年期间，瑞典年轻的女王克里斯蒂娜聘笛卡尔为私人教师。

他必须每天清晨5点就赶赴宫廷，为女王讲授哲学。而他一生有一个习惯，就是总不想早起，也很少早起。他为女王授课早起的生活无疑对他来说是一个生活上的冲击。恰恰有一天，他起得很早去宫廷授课，瑞典出现了几十年少有的严寒。“漏船又遇打头风”，本来就体弱多病的笛卡尔加之风寒的侵袭，很快就得了肺炎。

1650年仅50多岁，并且终生未婚的科学家笛卡尔就与世长辞了。他死后，教会阻止人们为他送葬，所以，他的葬礼凄惨冷清，一如他的死去一样令人伤心。教会恨透了他对神学教理的攻击，即使在他死后，他的著作也没有公诸于世。梵蒂冈教皇把他写的书列为禁书，禁止任何人和任何出版商出版和发行。

他的哲学与数学思想对历史的影响是深远的。人们在他的墓碑上镌刻了这样一句话：“笛卡尔，欧洲文艺复兴以来，第一个为争取和捍卫理性权利而奋斗的人。”

法国大革命之后，法国历史博物馆接受了笛卡尔的骨灰和遗物。笛卡尔已经死去了，但他的思想却愈传愈远，笛卡尔成为17世纪及其以后的欧洲哲学界和科学界最有影响的巨匠之一。

笛卡尔提出了必须把几何与代数的优点结合起来，建立一种“真正的数学”。把几何归结代数问题，用代数证明解决几何问题，是笛卡尔的思想核心。

第二节
笛卡尔《论灵魂的激情》

当感情只是劝我们去做可以缓行的事的时候，应当克制自己不要立刻作出任何判断，用另一些思想使自己定一定神，直到时间和

休息使血液中的情绪完全安定下来。（笛卡尔）

《论灵魂的激情》是笛卡尔晚年的著作，笛卡尔认为，人一定是两个不同的东西的结合物。也就是说，人是灵魂和肉体的结合。身体是属于自然的一部分，是等同于他的物质机械的那一部分，而心灵是灵魂的那一部分。也就是说，心灵是一个思维的存在体。如果把一个人看作是运转的机械的话，那么人的心灵或者灵魂就是机械的主导和操控者。身体不同于死亡的，就好像已经停止了的钟摆和正在摆动的钟摆一样，它们都是同在的。而身体没有死亡，是因为灵魂驻守在里面。一个人的灵魂一旦脱离了肉体，那么这个人就会死去，身体也就僵化。而一个人的肉体一旦被破坏，那么灵魂就无法在这里寄居，就如同一个从即将坍塌的房屋中跑出来的人一样，灵魂也会逸飞。

无论如何，灵魂和身体总是一个封闭的整体，就像一个时刻围绕太阳运转的地球一样，他走着自己的轨道，时刻运转。笛卡尔说，“我的灵魂在身体中，就像舵手在船上”，灵魂是身体的指挥者和驾驭者，它可以“直接”调动身体，也能够感受到在身体中的“疼痛”或其他感觉。有灵魂的人就好像是一个有司机驾驶的一辆车一样，而没有灵魂的人则只能是一个随波逐流的小船，船上没有舵手也没有水手，船是一只空船，没有载重也没有航向，漫无目的地漂游。

笛卡尔在1637年发表了最有名的著作《正确思维和发现科学真理的方法论》，通常简称为《方法论》。

在《方法论》中笛卡尔还提出了最有名的哲学命题“我思，故我在”。这句话的意思就是说“我思想，所以意识到我的存在”。笛卡尔认为当我在怀疑一切的时候，就不能再去怀疑那个正在怀疑其他事物的“我”。“怀疑”本身就是一种思想活动了，再加上对正在怀疑的“我”的怀疑就是对怀疑的本身的怀疑进行怀疑，那么独立的心灵究竟何去了？笛卡尔用“怀疑的方法”来求证“知识”的来源是否可靠。我们可以怀疑身边的一切，但是却不能对怀疑者的那个正在怀疑的“我”进行怀疑。我们不能怀疑“自我的怀疑”，因为只有这样才能肯定我们的“怀疑”。

笛卡尔从他的“我思，故我在”证明了“上帝的存在”。他说，既然“我”不能再去“怀疑”了，那么一定存在一个使“我”存在的更高的“存在体”。也就是说，因为我存在，所以必须有一个使我存在的“存在者”，而那个使我存在的“存在者”，也一定是使万物存在的“存在者”。因此，能够使万物存在的“存在者”，就必然只有上帝才能了。

笛卡尔强调不能怀疑以思维为其属性的独立的精神实体的存在，并论证了独立物质实体的存在，把二者并列起来，这就说明他是二元论者。笛卡尔的自然哲学观与亚里士多德的学说截然相反。他认为，除了机械的世界外，还有一个精神世界存在，这种二元论的观点后来成了欧洲人的根本思想方法。他认为上帝是有限实体的创造者和终极的原因，把几何学的推理方法和演绎法应用于哲学上，推出清晰明白的概念就是真理。

笛卡尔在古代演绎方法的基础上创立了一种以数学为基础的演绎法：以唯理论为根据，从自明的直观公理出发，运用数学的逻辑演绎，推出结论。后来牛顿等人把他的这种方法综合运用，成为物理学特别是理论物理学的重要方法。

在方法论中笛卡尔善于运用直观“模型”来说明物理现象，他提倡运用假设和假说的方法，如宇宙结构论中的旋涡说。此外他还提出“普遍怀疑”原则。

第三节
笛卡尔的思想成就

愈学习，愈发现自己的无知。（笛卡尔）

笛卡尔不仅在哲学领域里开辟了一条新的道路，同时笛卡尔又是一位勇于探索的科学家，在物理学、生理学等领域都有值得称道的创见，特别是在数学上他创立了解析几何，从而打开了近代数学的大门，在科学史上具有划时代的意义。

“几何学”是笛卡尔数学成果的核心。笛卡尔为集合和代数划分了界限，在他之前它们还是一个很笼统的混合学科。他站在方法论的高度，用几何学开挖了人的想象力。他认为，当时流行的代数学，不能成为一门改进智力的学科，它仅仅只从属于法则和公式。

笛卡尔提出了必须把几何与代数的优点结合起来，建立一种“真正的数学”。把几何归结代数问题，用代数证明解决几何问题，是笛卡尔的思想核心。

就是依照这种思想他创立了我们现在的“解析几何学”。解析几何的出现，把相互对立着的“数”与“形”统一了起来，改变了从古希腊以来一直都分离的代数和几何，使几何曲线与代数方程相结合。笛卡尔的创见为微积分的创立奠定了基础，开拓了变量数学的广阔领域。

最为可贵的是，笛卡尔用运动的观点，把形和“数”统一了起来，建立了曲线和方程的对应关系，标志着函数概念的萌芽，使数学在思想方法上发生了伟大的转折。恩格斯称赞笛卡尔为："数学中的转折点是笛卡尔的变数。有了变数，运动进入了数学，有了变数，辩证法进入了数学，有了变数，微分和积分也就立刻成为必要了。"笛卡尔的这一发现很了不起，他为牛顿、莱布尼兹发现微积分开辟了道路。

笛卡尔在其他科学领域的成就同样硕果累累。笛卡尔靠着天才的直觉和严密的数学推理，完整地阐发了关于光的本性的概念，他发现光是"即时"传播的。他从理论上推导了折射定律，设计了矫正视力的透镜，提出了宇宙间运动量总和是常数的观点，创造了运动量守恒定律。他还指出，一个物体若不受外力作用，将沿直线匀速运动。

除此之外，他还发展了宇宙演化论，创立了漩涡说，提出了刺激反应说。的确，笛卡尔在科学上的贡献是多方面的，但是他的哲学思想和方法论却占有更重要的地位。他的哲学思想对后来的哲学和科学的发展，产生了极大的影响。

笛卡尔把上帝看作造物主，他自成体系，熔唯物主义与唯心主义于一炉，在哲学史上产生了深远的影响。笛卡尔是欧洲近代哲学的奠基人之一，黑格尔称他为"现代哲学之父"。笛卡尔堪称 17 世纪及其后的欧洲哲学界和科学界最有影响的巨匠之一，被誉为"近代科学的始祖"。

第十一章

帕斯卡的思想录

帕斯卡通过一生的研究深刻地认识到，一切的科学发明和研究都是徒然。他从科学迷途中找到了上帝，从而皈依了上帝。他看到了上帝的灵光在自己的内心闪烁，他明白了一个人如果不皈依上帝就得不到救赎。人只是一棵能够思想的芦苇，而他的思想又能够算得了什么呢？哲学和思想的路永远走不上信仰的方向，信仰是真理，而哲学和思想却都是残渣。

信仰是不可证明的，正如上帝只能用灵去参见一样，最完美的真理只能观察和研究我们，而我们却不能研究它。人算不了什么，但人有上帝赐予的人性，只要人抱着一颗真诚的信仰的心去虔诚地供奉上帝，那么这个人就能得到救赎。

一切发生的事不会是没有原因的，一切未来的预兆也不是杜撰的。世界上没有无因之果，也没有无果之因。上帝先天而存在，他是真的神，也是唯一的神。曾在创世之初就已经预言了耶稣的降临，也预言了耶稣的受难，他历万世而不古，垂千秋而不老。即使是在中世纪背叛上帝的教会而言，真理依然存在。只有在最严峻的时刻，才能考察一个人对上帝的真心和信仰。也只有那些具有真正智慧的圣哲先贤才能理解上帝的所指，让人们去摈弃世上的享受，追寻永恒的天国之乐。

无论是犹太人的犹太教，还是基督以后的基督教，上帝都是唯一的一个真神。

第一节
“归向神学”的帕斯卡

我们不可能真正爱上一个人，爱上的永远只是人的属性！（帕斯卡）

帕斯卡自幼都没有受过正规的教育，他在 4 岁的时候母亲就已经去世了。他的学习和成才都是靠着父亲和他的两个姐姐进行教育和培养的。

他的父亲博学多才，是一位非常受人尊敬的数学家。在父亲的精心培育之下，帕斯卡很小就精通了欧几里得几何，并且他自己还发现了欧几里得的前 32 条定理。12 岁的小帕斯卡发现了“三角形的内角和等于 180 度”，父亲对他的这种聪明和钻研精神感到欣喜，所以就悉心教育帕斯卡。父亲疼爱他，也喜欢他，曾满心欢喜地带他参加巴黎数学家和物理学家小组的学术活动。

在父亲的教导和培养下，加之他的聪明灵慧，17 岁时，帕斯卡就写出了数学水平很高的《圆锥截线论》。20 岁左右，帕斯卡发明了加法。

1647 年，他的实验曾轰动了整个巴黎，他自己说，他实验的指导思想是，反对“自然厌恶真空”的观念。

次年，帕斯卡对不同地区的气压进行了测量，他发现了随着高度降低，大气压强增大的规律。在这几年之中，帕斯卡在实验中不断取得新发现，并且有多项重大发明，他发明了注射器、水压机，改进了托里拆利的水银气压计等，曾利用气压计进行天气预报。

晚年的帕斯卡进入了对神学的研究，他得出感性和理性知识都不可靠的理论，总结出信仰高于一切的结论。

第二节
散文经典——《思想录》

人生来为了思想，因而他无时不在思想；但是纯粹的思想却使人疲倦并大伤元气，尽管如果人总能坚持思想就会使他很幸福。这是一种他无法适应的单调生活。他需要骚动和行动，就是说他有时必须被他自己心中感受到的，其源泉如此活泼、如此深刻的激情所骚动。（帕斯卡）

在哲学方面，帕斯卡撰写了著名的哲学论著《思想录》，并建立了直觉主义原则，他的这些理论创作对后来的一些哲学家，如卢梭和伯格森等都具有很大的影响。他的《思想录》文思流畅，清明如水，文采斐然，与《蒙田随笔集》、《培根人生论》一起，被人们誉为欧洲近代哲理散文三大经典。

帕斯卡的思想录反复阐述了人在无限大与无限小两个极限之间对立悖反。论证了人既崇高伟大又十分软弱无力这一悖论。

人必须认识自己，让一个人反求自己并考虑一下比起一切的存在物来他自身是个什么吧！让他把自己看作是迷失在大自然的这个最偏僻的角落里，并且让他能从自己所居住的这座狭隘的牢笼里学着估计自身的正确价值吧！一个人在无限之中又是什么呢？

帕斯卡认识到了一切哲学家和科学家所不能认识到的一个角落，而这一角落正是决定一个人的理论成败的关键。他认为，我们作为一个人是有限的、短暂的，我们如果要用有限的人生去洞悉宇宙人生的真相根本就是不可能的，因为他觉得我们人身上存在着两种属性，既有宇宙的无限性和万有性，也有人的局限性和无耐性。

他否定了笛卡尔、蒙田的理论研究，他说笛卡尔的研究都是愚蠢的，而蒙田的智慧再高明他还是在死亡面前变得瑟瑟发抖。

帕斯卡通过一生的研究深刻地认识到，一切的科学发明和研究都是徒然。他从科学迷途中找到了上帝，从而皈依了上帝。他看到了上帝的灵光在自己的内心闪烁，他明白了一个人如果不皈依上帝就得不到救赎。人只是一棵能够思想的芦苇，而他的思想又能够算得了什么呢？哲学和思想的路永远走不上信仰的方向，信仰是真理，而哲学和思想却都是残渣。

信仰是不可证明的，正如上帝只能用灵去参见一样，最完美的真理只能观察和研究我们，而我们却不能研究它。人算不了什么，但人有上帝赐予的人性，只要人抱着一颗真诚的信仰的心去虔诚地供奉上帝，那么这个人就能得到救赎。

一切发生的事不会是没有原因的，一切未来的预兆也不是杜撰的。世界上没有无因之果，也没有无果之因。上帝先天而存在，他是真的神，也是唯一的神。曾在创世之初就已经预言了耶稣的降临，也预言了耶稣的受难，他历万世而不古，垂千秋而不老。即使是在中世纪背叛上帝的教会而言，真理依然存在。只有在最严峻的时刻，才能考察一个人对上帝的真心和信仰。也只有那些具有真正智慧的圣哲先贤才能理解上帝的所指，让人们去摈弃世上的享受，追寻永恒的天国之乐。

无论是犹太人的犹太教，还是基督以后的基督教，上帝都是唯一的一个真神。如同爱因斯坦所指：人世的愚昧和迷茫是无限的，帕斯卡也曾有这样的论证，他说道：

如果一个人多有了一点，那么他就了解得更高一点。但他距离终极，岂不永远是无穷地遥远吗？即使他再多活上十年、二十年，岂不同样地距离永恒仍是无穷地遥远吗？

为什么宁愿把自己的想象放在某一个有限上而不是放在另一个有限上呢？单是以我们自身来和有限作比较，就足以使我们痛苦了。

一个人如果想研究外物就首先应当了解自己，人又是和他所认识的一切都有关连的。一切事物都是造因与被造者，是支援者与受援者，是原手与转手，并且一切都是由一条自然的而又不可察觉的纽带——它把最遥远的东西和最不相同的东西都联系在一起。所以，一个人都不认识自己又如何去认识外物呢？一个人如果真正认识了自己那么还用得上去认识外物吗？

面对着那些既去研究精神又去研究物质的哲学家，帕斯卡感到非常无奈。他认为：

人心是怎样的空洞而又充满了污秽啊！人显然是为了思想而生的；这就是他全部的尊严和他全部的优异；并且他全部的义务就是要像他所应该的那样去思想。而思想的顺序则是从他自己以及从他的创造者和他的归宿而开始。可是世人都在思想着什么呢？从来就不是想到这一点，而是只想着满足欲望，什么是做人呢？

人是怎样的虚幻啊！是怎样的奇特、怎样的怪异、怎样的混乱、怎样的一个矛盾主体、怎样的奇观啊！既是一切事物的审判官，又是地上的蠢材；既是真理的贮藏所，又是不确定与错误的渊薮；是宇宙的光荣而兼垃圾。高傲的人们啊，就请你们认识你们自己对于自己是怎样矛盾的一种悖论吧！无能的理智啊，让自己谦卑吧；愚蠢的天性啊，让自己沉默吧；要懂得人是无限地超出于自己的，从你的主人那儿去理解你自己所茫然无知的你那真实情况吧。

人是一种既有神性而又有兽性的动物，而这也就是人所具有的人性。在一个人的内心同样都受到天堂和地狱的拉扯，一种下潜的力量始终都要让人堕落、沉沦，和大地靠近，而一种飞升的力量却希望人超脱凡尘，与上帝接近，与万有为一。如同中国的龙，既是海里的怪物，永镇大海，又是天上的蛟龙，支配苍天，行云布雨。

帕斯卡认为，一个人如果不认识上帝，就永远获得不了解脱，也就永远可悲。一个人既要认识上帝还要认识到自身的可悲。耶稣基督是万物的目的，又是万物所皈依的中心。凡是认识了他的，也就认识了万事万物的道理。

基督的上帝，充满了仁慈和慰藉，是一个充满了为他所领有的人们的灵魂与内心的上帝。上帝使我们衷心感到自己的可悲以及他的无限仁慈。上帝是我们的灵魂和内心的结合，他以谦卑、欢愉、信心、仁爱充满了我们整个的灵魂，他使得他们除了他自身以外再也没有什么其他的归宿了。

帕斯卡书评，如果没有了基督，世界将无法存在，也无法想象，整个世界都是上帝的反映。只有用真灵归属上帝的人才能走到上帝的中心。当你想要和上帝靠近的时候，他就远离你；当你想要背离上帝、脱离上帝而独在的时候，上帝就越靠近，悄悄地来到你的身边。上帝的躲避和亲近都是为了一个人更好地归向他。他从不对任何一个人吝啬，也从不对任何一个人使用特权。所有用自己的真心虔诚地信仰他的人，最终都会得到上帝的眷顾。

人既有完美的天性，像上帝的影子那样，也有某些缺陷，不像上帝的影子。人是从一种亲近上帝，与上帝相感相通的超达堕落到一种忧伤、忏悔并远离上帝的黑暗。当人类将要在肉欲的渊薮里面老却的时候，耶稣基督便在他预言的时刻到来。基督看到人类处在深重的灾难之中，就要来世救人，他就是救世主。他开启了人们的智慧和精神，使人们更准确地理解圣经，获得皈依。

帕斯卡曾在自己的《思想录》里就这样，很清醒地写到了自己的认识：

看到人类的盲目和可悲，仰望着全宇宙的沉默，人类被遗弃给自己一个人而没有任何光明，就像是迷失在宇宙的一角，而不知道是谁把他安置在这里的，他是来做什么的，死后他又会变成什么，他也不可能有任何知识；这时候我就陷于恐怖，有如一个人在沉睡之中被人带到一座荒凉可怕的小岛上，而醒来后却不知道自己是在什么地方、也没有办法可以离开一样。

一个内心圣洁的上帝也只有把自己的灵传给圣洁的人们，而基督耶稣为了拯救人类竟要背受着被钉死的命运，奉献出自己的肉和血，却又是献给上帝的面包和酒……

耶稣基督的到来，使盲人看得见，使病者康复，使罪人悔罪，使贫困者充实……耶稣基督救赎一切人，他在所有人的身上，也在我们自己的身上。耶稣基督的谦卑、忍耐、神圣，以及对上帝的神圣、对魔鬼的可畏，都在昭示着上帝的仁爱和智慧。

帕斯卡的成就是多方面的。他在数学和物理学方面所做出的贡献，在科学史上占有极其重要的地位。

帕斯卡的数学造诣很深。除了对概率论等方面有卓越贡献外，最突出的是他在《关于圆锥曲线的论文》中提出的著名的帕斯卡定理。帕斯卡定理是射影几何的一个重要定理，即“圆锥曲线内接六边形其三对边的交点共线”。在代数研究中，他发现了“帕斯卡三角形”，研究了摆线问题，得出了不同曲线面积和重心的一般求法。他计算了三角函数和正切的积分，最早引入了椭圆积分。

帕斯卡在物理学方面的研究也是功绩卓著。最重要的成果是他首次提出了“帕斯卡定律”。定律指出：“加在密闭流体任一部分的压强，必然按照其原来的大小由流体向各个方向传递。”现代的一切应用着的液压机械，都是帕斯卡定律的具体应用。

然而，思想是帕斯卡最重要的成就，在《思想录》里，他留给了世人一句名言：“人只不过是一棵芦苇，是自然界最脆弱的东西，但他是一棵有思想的芦苇。”思想录是他天才的逻辑思维的运用，他通过日常语言的形式来表现自己的观点。在一些日常的问题中，如果运用他的逻辑的形式予以表述那既感到深刻而又富有哲理。例如，他说：“使一个人从虚无中诞生，和使一个人从虚无中复活，哪一个更困难?”《思想录》是帕斯卡尚未完成的手稿，它集中体现了帕斯卡的思想理论。

帕斯卡的《思想录》体现了人的思想和本质。帕斯卡曾说人在无限大与无限小两个极限之间会对立背反，人既崇高伟大又十分软弱无力，其实人是因思想而伟大的。

读帕斯卡的《思想录》最能让人有所收获，一个人的成功不在于他的成就有多大，而在于他所成就的究竟是什么！思想虽然对上帝的皈依和信仰望尘莫及，但是它依然步人后尘，思想有超越一切的力量。人拥有很多的贪欲和兽性，但是唯一把人和动物分开的也许就是人的灵性和神性吧，就是人能够思考的天性吧！人拥有思想，也就是人之所以为人的所在。

一切都如同帕斯卡说过的：“人只不过是一棵芦苇，是自然界最脆弱的东西，但他是一棵能思考的芦苇。用不着整个宇宙都拿起武器来才能毁灭他，一口气、一滴水就足以致他死命了。然而，纵然宇宙毁灭了他，他却仍然要比致他于死命的东西高贵得多。因为他知道自己要死亡以及宇宙对他所具有的优势，而宇宙对此却是一无所知。”

第十二章

斯宾诺莎的伦理学与美学

斯宾诺莎认为，美的核心和归宿也就是“人生的完美境界”。人生的圆满和超达就是真、善、美，真、善、美本来没有自己的名称，它们本是一家，只不过被人为地划分开了，才有了独自的个性。

就如同我们把莲花叫做荷花，而又把荷花叫做芙蓉一样，异名而同性，一身而同体。

所有的人所走的路都朝向着美，而不是美，路不是美，路的源头才是美。美在每一个人所走的路上，而美不在每一个人的路上，没有任何一个人能与美同步，美却时时刻刻与人都在同步。

斯宾诺莎就曾经指出：“我志在使一切科学都集中于一个目的或一个理想，就是达到……最高的人生圆满境界。”达到人生圆满境界一直都是斯宾诺莎的梦寐以求。人生圆满也就是佛陀的自性圆满，道家的上善至道，是洞悉了一切人生宇宙真相的大圆满、大超脱和大智慧，这种人生的圆满，“量周沙界、心包太虚”就是无穷时间和无限空间的宇宙，是至高无上的唯一真神上帝，只有这种圆满才是至真、至善、至美的，多一点则是余，少一点则是缺。美即是它的化身，美自身便是一种圆满，自足自乐……美就是一切，而一切又不能是美。美就是真理的影子、上帝的灵魂、佛陀的艺术。

在艺术之中，这种美令人陶醉、流连忘返；在生活之中，这种美让人平淡自然、安闲自适、知足常乐；在人生之路上，这种美就是一种归宿，一种人生止境的圆满境地。

第一节 "至上圆满"的伦理学

自由人最少想到死，所以他的智慧不是关于死的默念，而是关于生的沉思。（斯宾诺莎）

和其他一些伟大的思想家、科学家一样，斯宾诺莎也是一位犹太人，一位声名卓著的犹太思想家。他的父母都是犹太人，是从西班牙逃往荷兰的。在荷兰，他的父亲经营进出口贸易，生活上比较宽裕一些。斯宾诺莎小时候就被送进了神学院学习，他在神学院接触到了希伯来文、犹太法典以及犹太的哲学，同时，他还学习了拉丁语，接触迪科尔等人的哲学著作。

久而久之，他就脱离了那些所谓的正统学说，开始了自己人生哲学的航程。他触犯了犹太教的教义，被开除了国籍。在生活境况日益潦倒的时候，斯宾诺莎就以磨镜片为生，一边养活自己，一边进行着自己的哲学思考。斯宾诺莎生前很长的时间都在隐居中度过，他的一生波折，不仅没有得到哲学应有的殊荣，而且境遇悲惨，生活潦倒，最后还在与病魔的拼杀斗争中倒下了，他就这样永远的离开了我们，但是他的思想却永远地留在了人们的心中。

也正是美学思想的高超与止境，斯宾诺莎才知道，要走上美的道路，即走向上帝的中心，不是件容易的事情。许多人都走了这条路，也许仅仅只有寥寥的几人能够达到，也许走上这条路的人很少很少，也许他们都能够走上达境。

但是一个人要走上至善至美，必须要完善自己的理性、圆满自己的德性，把欲望降到最低，把道德提到最高……清心寡欲、自性圆满、知足常乐，如他所说：“人的真正活动力量或德性就是理性”，“人生的最高快乐或幸福即在于知性或理性之完善中”。罗素认为他是“伟大哲学家当中人格最高尚、性情最温厚可亲的”，在道德方面他是“至高无上的”。

在斯宾诺莎这里，无论是知识论、伦理学还是美学都化整为一，他认为这些东西本身就是相结合的，只是人为地把它们分开罢了……

至上的真理都是一样的，而相对的、不完善的真理却各自走着各自的路，互不承认。

斯宾诺莎认为哲学的目的，就是求得人的至善和至乐。他说：“我志在使一切科学都集中于一个目的或一个理想，就是达到……最高的人生圆满境界。因此，各门科学中凡是不能促进实现我们的目的的东西，我们就将一概斥为无用；换言之，我们的一切行为与思想都必须集中于实现这个唯一的目的。”

那么怎样才能使人达到至上的善和最大的幸福呢？究竟什么样的善才算得上是至善，什么样的幸福才是最大的幸福呢？

这和斯宾诺莎的美学思想是一脉相承的。他说一个人是由身体和心灵两方面组成的。人的心灵一旦受到外界事物的影响，就会有情感上微妙的波动，而一旦热闹的情感被外物所左右，也就没有理性可言了，没有了理性，人就很容易让自己随着感情的波浪随处漂流。所以他说：“所谓善是指我们确知对我们有用的东西而言。”“所谓恶是指我们确知那阻碍我们占有任何善的东西而言。”可见，斯宾诺莎认识到人一旦失去了理性，就会很容易在善恶的两头左右摇摆，没有了方向就随波逐流。

那什么是人的最高幸福呢？他说：“世界上因为富有资财而遭受祸害以至丧生……例子是很多的。世界上忍受最难堪的痛苦以图追逐浮名而保全声誉的人，例子也并不更少些。至于因过分放纵肉欲而加速死亡的人更是不可胜数。”不同于其他哲学家，斯宾诺莎如同一个先知圣贤那样，指引着人们的灵魂达到最高的、完善的境地。在古希腊苏格拉底就让人们净化心灵，让灵魂处在一个清静、自足的安然闲适的状态，灵魂就不会受到身体的诱惑而下降、沉沦。在这里，斯宾诺莎也真正地认识到了，“资财、荣誉和肉体快乐”不是人的最高幸福，而且它们不但不会给人带来幸福，反而会把人引向痛苦的渊薮而深不自拔，资财、荣誉和肉体的快乐都是过眼云烟，稍纵即逝，它们只会在肉体上消磨人，在精神上麻木人，除此之外就是无限的痛苦和忏悔。因此，他主张“放弃迷乱人心的资财、荣誉、肉体快乐这三种东西”，去探寻“真正的善”，即认识自然，自然之中有至上的快乐，那里有安置灵魂的处所，有陶冶心灵的佳处，那里才是真正的休憩之所，在那里一个人可以获得“人的心灵与整个自然相一致的认识”。为了达到这个目的，他认为：“我们首先必须尽力寻求一种医治理智并且纯化理智的方法，使理智可以正确圆满地认识事物，不致错误。”并且“还必须建立一种适当的社会秩序”，以便促使多数人易于达到这个目的。在他看来，国家有这个责任，让人们的心灵不去放纵欲望，尽量保持在人的伦理所要求的范围内，就如同儒家的思想一样为人们限制了标准，谁也不能超越这个底线。他认为这样可以让人们不至于在放走的狂欢之中迷失自己，可以在理性的指引下，去获得真正的自由，这样，才能达到“人生圆满境界”。

斯宾诺莎一生都在为追求这种圆满的人生境界思考着、努力着，直到生命的结束。他甚至为了能够找到这个真理的精髓，离经叛道，违背了众先知所走过的路，自己独辟蹊径。他曾说过“自由人最少想到死，他的智慧不是关于死的默念，而是关于生的沉思。”

他的哲学思想包含着济世安民、大化天下的广阔情怀，他一直都在思考怎样才能让人世摆脱那些人欲、物欲的缠绕，走进宁静祥和的佳境，也像上帝那样逍遥快乐呢？

“宁武新之所善兮，虽九死其犹未悔”，他一生都在为此而努力。也正因为如比，他成了更孤独的人。没有人和他说话，没有人去帮助他，也没有人能够知道他的存在。他好像是一个被世界遗忘了，被人间遗弃的婴儿在迷途慢慢地寻索着，寻索着……

他被犹太教驱逐出教会，他心爱的女友也投入了别人的怀抱，父亲也与他断绝了父子关系，这给了他无比沉痛的打击和不幸。

他，一个尘世的幽灵，在到处游走，寻找自己的栖息之所。人生把他逼上了绝路，他就摆脱一切尘世的缠绕，遁隐在阿姆斯特丹的一个陋室中。他以磨镜片来维持自己的生存，用苏格拉底、柏拉图等人的思想来喂养自己的灵魂。不久之后，他就彻底遁隐在自己心灵的贝壳里面了，他一心研究神的世界，一心参悟人生的堂奥。他每天就是出去散散步，在散步中，沉思自己的思想，然后呢，然后回来还是思考自己的东西，他很少出门，也没有朋友。那一个小破屋就是他生命的禅堂，他许多有智慧的妙言真理都是从那里得来的。

他把自己封闭进自己的内心世界，就像是蝶化的蛹子，在自己的心巢寻思人生。有一天，他也是出来散步，突然他看到了自己唯一的一个朋友，蜘蛛在他的陋室结网。他从此顿悟了，他不仅了解到人世的众生都像蜘蛛这样一生一世都在结自己的网，而且更让他用一颗清醒的心灵看这个世界。

他笑了，笑得泪流满面……他遗世独立，走着自己孤独的路。在自己的小小贝壳里，走来走去，寻找那哲学能走出去的门。

可是，门在哪里呢？人生之路，每一个人都在走，唯有他却是横穿。他孤身一人在自己的路上寻索，没有一个朋友，也没有一个知音。

如果他在探索真理的道路上把自己扼杀了，人世间就像失去一个苍蝇一样，没有人去关注，更没有人去询问，更没有人知道。孤独像发疯一样地攥着他的内心一直都在滴血，他差点垮掉，再也没有勇气走下去了。

然而，真理的光芒为他找到了道路。他最终说出了“自由人最少想到死，所以他的智慧不是关于死的默念，而是关于生的沉思”这句话。

他说，就像时间是无始无终的一样，世界也是无始无终的。神让我们来到了这个大千世界，而这个神就是立于永恒，长生不灭的神。神是宇宙的内心和心灵，宇宙是神的身体。我们的身体会死，而我们的灵魂不灭，即使身体死亡了，但是那也是一种能量的转化，就如同秋收冬藏的植物一样，世界不会少去什么，也不会多了些什么。我们有可变的那一方面，也有不可变的那一方面。从可变的那一方面讲，我们都是人世的旅客，住在一个充满了阳光的大旅馆；从不可变的那一方面讲，我们都拥有、分享上帝的神性，我们的灵魂都处于永恒之中。

为此，斯宾诺莎还打了个很形象的比喻，他说如果我们把世界看成是一部交响乐的话，那么每一个人都是交响乐的一个音符、一个质点。作为一个音符的人，是没有什么意义的，也就是说只有像交响乐那样达到自身的圆满，才能是真正的幸福。

他还说，幸福，就装在那个只有爱才能容纳的口袋里。只有爱，才是生活的最高动机，才能使我们短暂而有限的生命转化为永恒而忘我的境界，爱使我们的人生有了意义。在爱面前，人的痛苦也好，对死亡的恐惧也好，都会仓皇逃遁的……

孤独的斯宾诺莎始终不渝地为抛弃他的人们找寻幸福。为此，他一生艰难贫困，在贫病之中度过了仓皇的一生。

斯宾诺莎说：“哲学的目的在于获得更高的幸福。”在其《伦理学》这本书中，他就强调：“人是自然的一部分”，主张让人们返回自然。

在斯宾诺莎之前，许多人都认为幸福在别人那里，自己没有幸福，幸福与自己无缘。其实，他们的这种认识都是追求惹的祸，因为追求越深，他的幸福感也就越少，或者说幸福就越少，越没有幸福可言。真正得到幸福的人不是去追求幸福，而是德性的完满和自足。

斯宾诺莎说，之所以人不会感到幸福，就是因为人追求那些错误的东西。一个人一旦认识到了哪些才是永恒的东西，他就不会去追求短暂的、稍纵易逝的事物。

人类如果有了知识和悟性，就能够认识到永恒，知道自己处在世界的哪一个位置，应当寻求哪一个位置，什么事情是自己应当去做的，什么事情是自己不应当去做的，什么事情能做，什么事情不能做，让理性去选择正确的途径和方向，就不会迷失。这样他的行为就更加自由。

“只要心灵理解一切事物都是必然的，那么它控制情感的力量就越大，而感受痛苦的情感就越小。”

斯宾诺莎认为，人拥有自己的情感是很正常的，而如果自己完全被自己的情感所支配就不能说正常了。那样“行为便没有自主之权，而受命运的宰割”，也就没有自由可言。

斯宾诺莎认为要想得到真正的自由，只有依靠理性。通过理性趋利避害、合理地控制自己的欲望，也可以用理性去服务社会、帮助他人。

总之，他认为理性可以帮助人们认识必然，获得自由。只有认识了理性，人类才能够走上真正幸福的生活。正如斯宾诺莎所说的那样：“真正的生活是理性的生活。”

幸福在哪里？最孤独的斯宾诺莎给了我们最好的答案，留给了我们一份期待与憧憬。

但是，众所周知，斯宾诺莎的哲学思想仍然还是不尽完善的，虽然他一生都在为寻求人类的幸福而努力。人类的理性是不可靠的，正如感情也是不可靠的一样，感情自身存在缺陷，能引诱一个人。理性也同样能够在最关键的时候，陷入迷茫。因为没有一个绝对的标准来规定什么样的性质才属于理性，也没有一个确定的标准规定什么样的性质才是感性。斯宾诺莎既然看到了至上的美就是“人生的圆满境界”，这种境界就是至美、至善。然而，令我们感到很可惜的就是他却偏离了自己的一元论，用感性和理性的二元论之中的理性来做指导，那么还会得到绝对至上的真理吗？

只有一元论的那个真理是永恒的、不变的、不生不灭的，就是上帝的灵魂，是主宰一切的心。除此之外，一切二元对立的观点都会因为自己有对立才永远不能算得上是绝对的真和绝对的美，那么二元对立中的理性更是如此。所以，我们为斯宾诺莎的这一点感到很可惜，信仰高于理性，它比理性更易于去指导人们过幸福的生活。然而，即使信仰也无法是绝对的真和绝对的美……如果人们真的有一个可以避免人去纵欲沉沦的指引，那么这个指引肯定是不能说出来的，或者说是不存在的……因为有了这个指引的人，就已经立于永恒。

第二节 “至上完美”的美学

一个人没有了一切希望，生活如行尸走肉，对任何事情都不再带有感情，恐惧也没有了。同样，一个人没有了恐惧，什么都不怕，则没有向上的动力，没有希望了。恐惧和希望是不可分的。（斯宾诺莎）

在美学思想上，斯宾诺莎非常的精湛独到。曾经有一个人在他逝世之后，说了一句这么样的话，“为真理而死难，为真理而生更难”。

斯宾诺莎认为，美的核心和归宿也就是“人生的完美境界”。至善的美，止境的美应该是和真、善、美走向同一个高度，而且走进同一。因为至上的真、善、美是不可分的，它们本来就是一体，所以，也就无需再去讨论什么真、善、美，所有的至理真言都是真、善、美的。人生的圆满和超达就是真、善、美，真、善、美本来没有自己的名称，它们本是一家，只不过被人为地划分开了，才有了独自的个性。

就如同我们把莲花叫做荷花，而又把荷花叫做芙蓉一样，异名而同性，一身而同体。

他说，如果我们没有站到相应的高度去审视美，那么我们就只能窥见一点，而不见其身。如果把美比作是一个内心的圆球，那么只要是美的魅力在不同的人眼里就表现出不同的美，如同一个圆球的天体所射出来的光充斥宇宙一样，四散分发到每一个角落。光射向无穷的方向，人也走出千万条路，但是每一个对美的看法的人的观点都是从至上的美那里传出来的，每一个人都只不过是美上的那一个点或几个点，但不是美的全部。

所有的人所走的路都朝向着美，而不是美，路不是美，路的源头才是美。美在每一个人所走的路上，而美不在每一个人的路上，没有任何一个人能与美同步，美却时时刻刻与人都在同步。

正如苏格拉底说到的那样，美是难的，也如柏拉图的理念美一样，美，不生不灭、不增不减。如果说得更直白一些，那么美就是宇宙，美就是“道”，就是上帝。

真正的美没有美丑之分，因为走到了至上的美，就没有了对立。

美无法用语言说出来，当你说出了一句话，而又没有声音的时候，它就是美。但是几乎没有人能说出没有声音的话语。也就是说没有人能够认识到真正的美。

斯宾诺莎就曾经指出：“我志在使一切科学都集中于一个目的或一个理想，就是达到……最高的人生圆满境界。”达到人生圆满境界一直都是斯宾诺莎的梦寐以求。人生圆满也就是佛陀的自性圆满，道家的上善至道，是洞悉了一切人生宇宙真相的大圆满、大超脱和大智慧，这种人生的圆满，“量周沙界、心包太虚”就是无穷时间和无限空间的宇宙，是至高无上的唯一真神上帝，只有这种圆满才是至真、至善、至美的，多一点则是余，少一点则是缺。美即是它的化身，美自身便是一种圆满，自足自乐……美就是一切，而一切又不能是美。美就是真理的影子、上帝的灵魂、佛陀的艺术。

在艺术之中，这种美令人陶醉、流连忘返；在生活之中，这种美让人平淡自然、安闲自适、知足常乐；在人生之路上，这种美就是一种归宿，一种人生止境的圆满境地。

在美学的成就上，斯宾诺莎无疑是伟大的，他并没有违背苏格拉底、柏拉图等人的美学理念，而是与他们的认识一脉相承。我们与其说斯宾诺莎是苏格拉底、柏拉图美学思想的继承者，倒不如说他是与苏格拉底、柏拉图一样寻觅到美之真理的人，是一个幸运者，也是一个真理的骄儿。

千百年来，在苏格拉底、柏拉图那个时代到斯宾诺莎这个时代，美一直都在走着它自己的路，而且始终不变。美是永恒的，不管你承认也好，否定也好……它始终在沉默中走着自己的路，也只有具有像斯宾诺莎天才智慧的哲学家，才能踏上这条属于永恒的道路。

斯宾诺莎认识到了美的灵魂，他看到了美的根源，知道美是不需要去诉说、去证明的。美造就了这个世界，而它又悄悄地躲在一个众人未知的角落，功成身退。它从不居功自傲，也不沾沾自喜。只有品德高贵、人格独特、道德高尚的人才能真正地认识到美。

美没有什么方向，但所有的方向都朝向它；美没有什么荒谬与真理可言，走上了美的道路也就是走上了“同一”。虽然斯宾诺莎与老先知们的道路不同，但是他们最终都走到了上帝的心中。先知们通过信仰皈依上帝，而斯宾诺莎通过美学认识上帝，认识永恒的真理。

第十三章

崇尚自然的卢梭

卢梭究竟为什么与启蒙主义的思想不一样呢？他一贯坚持的是什么观点呢？这正是我们期待了解的。他的学说的真正核心就是“革命的神义论”：自然使人幸福且善，社会则使人堕落而命运悲惨。

他控诉现实社会导致了人类的不幸和罪恶的丛生，他指出现实社会就是根源。为了能够使人类摆脱不幸和罪恶的迷途，卢梭试图从上帝正义的超验，来构建一个以社会契约为基础的道德共同体国家。

他认为，那些启蒙思想家打算用科学、艺术、工业等手段来支撑社会的发展就是缘木求鱼，甚至比缘木求鱼更悲惨。因为他觉得缘木求鱼不会带来什么毁灭和灾害，而启蒙思想家的那些伎俩完全是饮鸩止渴、自求灾祸。

卢梭想，那些现代社会的手段都是引导人沉沦堕落的罪恶之源，罪恶就在于社会形成后对自然之善的遮蔽。在文明社会刚刚形成之初，即是人类堕落的开始，就如同伊甸园的亚当夏娃吃了智慧树上的禁果一样，才受到上帝的惩罚和鞭逐，才带着原罪在人世间用自己的辛勤劳作来维系生存，救赎自身。文明社会不是我们良知萌生的起始，而是我们在最自然的状态之下，在最纯净的内心之中，良知的泯灭和消失。文明社会非但没有引人入胜，弃恶从良，反而一步一个脚印，随着现代科学技术的进步，迎来了人类道德的下滑和天性蒙尘的异化，使人类在迷途上越陷越深。

第一节
卢梭，离奇的一生，戏剧性的命运

德行啊！你是纯朴的灵魂的崇高科学。（卢梭）

卢梭一生坎坷艰难，漂泊流离，他的一生都充满了传奇，都是一种苦难跋涉的旅程。他的生命是用母亲的生命换来的，小卢梭一降生，他的母亲就离世而去。他父亲是做钟表的，家里面很穷很穷。小卢梭根本就上不起学，他之前有一个哥哥。哥哥在还幼小的时候就离家出走，从此他就与哥哥无缘了。除了读了几年小学外，小卢梭再没有上过什么学。他父亲酷爱读书，经常带着他彻夜长读，渐渐地小卢梭就积累了不少的知识。有一次，他和父亲通宵达旦地读书，一直读到天亮，父亲听到早晨的燕雀叫了，才很难为情地说："我们去睡吧，我简直比你还孩子气呢。"卢梭就是这样年复一年，日复一日地读书，无形之中就养成了他读书的好习惯，知识充实和滋养了他幼小的心灵。

卢梭在 7 岁的时候，就已经把家里所有的书都读完了。即使这样，他仍然不罢休，还到处去借书来读，他酷爱读书已经达到了几近疯狂的地步，简直是一个书呆子。幼小的他就已经读了莫里哀的喜剧．那尼的《威尼斯历史》、普鲁塔的《名人传》、包许埃的《世界通史讲话》、勒苏厄尔的《教会与帝国历史》等书。

书中那种深厚的民主思想还有他父亲对他的谆谆教导不断洗礼着他，使他后来成为一名伟大的"民主战士"。卢梭早熟早慧，他经常以自己是历史中的一名伟人自居，有的时候还表演英雄的壮举。

然而，快乐幸福的童年生活很快就一去不复返了，贫穷的家境和落魄的命运一步步把他逼上了绝路。

他从很小的时候就被父亲送去做了学徒。卢梭在3岁时，遵照舅舅的嘱托，去了马斯隆先生那里，在他手下学当律师书记。但是学识渊博的卢梭，做任何事情都有自己的思想和看法。而律师书记的工作竟然是整日地处理琐碎、繁杂的事务，空洞乏味，卢梭没有一点点的兴趣，甚至对这种工作头晕目眩、难以忍受。

舅舅给他介绍的马斯隆先生似乎也看不惯卢梭的所作所为，而且经常骂卢梭“懒惰愚蠢”。这种痛苦不堪的工作实在是令他再也无法忍受下去，一气之下，他就愤然离开了这里。

不久，卢梭在城市的街头流浪着，流浪着，不过他还是凭着一时的运气找到一份工作。初出茅庐的卢梭虽然不谙世事，但是做律师书记的工作也给了他不少的启发。

他很幸运在一位雕刻匠手下当学徒。卢梭自幼就喜欢雕刻绘画，加之他对雕刻匠的认可和敬佩，所以，卢梭总是兢兢业业地工作，做事踏实可靠。卢梭感觉跟着雕刻匠就那样挥动一下刻刀都是很有意思的，很好玩……师傅经常让他去雕刻那些零件，虽然这些琐碎的工作算不上什么了不起的技术，但是卢梭却做得认认真真，从不懈怠。他感觉一点一点地把它做好，就好像是修复生命的内心一样，让艺术寻求一个更好的高度。他也很想能够在将来某一天，也像雕刻匠那样能在雕刻上做出点成就来，甚至雕刻的东西要比雕刻匠更有艺术感、更有欣赏的魅力。

但是，想象不到的事情就在一夜降临。小卢梭很喜欢雕刻，所以他经常在闲暇的时候，就刻点什么东西。一天，他以古罗马时期的钱币形状作为模型，正在为自己的朋友刻几枚骑士勋章，却被他师傅看见了，他师傅不听卢梭的申辩和解释，很暴虐专横地痛打了他一顿。本来处在快乐和幸福之中的卢梭，顿感无比的痛苦和伤心，他觉得自己好像是在晴天之中一样，突然的一声响雷吓醒了他的灵魂，直接把他从天堂塞进了地狱。卢梭对此感到苦不堪言，他再也提不起勇气和信心与师傅快乐地工作下去。

卢梭郁闷的内心和压抑的心情无法得到伸展，和往常一样，他就把自己埋在书堆之中，希望读书也和以前一样能够带给他无比的快乐。但是繁重的劳动和被排得满满的时间，根本都没有机会和时间让卢梭去读自己喜欢的书。越是这样，小卢梭的求知欲就越强。不过，机会来了，他看到附近不远的地方有一个女租书商，他高兴得喜出望外……他就经常去那里读书，甚至手不释卷地读，有的时候，小卢梭读书读到入神的地步，就忘记了一切，更不知道自己还在工作了。所以一旦他因为读书耽误了工作，就会受到师傅的责骂和体罚。不过，受强烈的兴趣和求知欲的驱使，他还是花了不到一年的工夫就把女书商的书全都读完了。

正如培根所言“读书使人进步”，小卢梭从书本之中吮吸到了许多有用的知识，也运用那些知识改变了不良的嗜好和坏脾气。从此以后，他也处处做到更文明，更礼貌，更高尚。16 岁的时候，他就离开了城市，一个人独自谋生去了，他相信自己可以自由地支配一切。

卢梭离城后，就迎来了他平生的第一次艳遇。不久，他认识了华伦夫人。他总是以为华伦夫人是一个人老珠黄的丑老婆子，然而，当他第一眼看到华伦夫人的时候就被惊呆了，出乎意料的是，华伦夫人风韵十足、娴雅端庄、温柔体贴，是一个十分有魅力和气质的女性。就在那一刻，卢梭深深地被华伦夫人的这种气质和不凡的谈吐吸引了，他感觉华伦夫人一下子就俘虏了他的心。

为了接近华伦夫人，卢梭就经常找机会与她相会。华伦夫人也很欣赏卢梭的才华，经常帮助卢梭……音乐使他们俩结下了不解的情缘。

卢梭流浪无助，华伦夫人就把卢梭请到自己的家里，而且还让他得到了一个男人平生第一次情爱的满足。卢梭在华伦夫人的家里过得很快活，很幸福。华伦夫人既像一个母亲那样去关怀他、照顾他，又如同一个妻子那样去呵护他、体贴他，给予他全方位的需要，满足他情爱的需求。华伦夫人很有音乐天赋，她的歌声轻柔动人，每一次都把卢梭弄得魂不守舍，无招架之力。在华伦夫人的影响之下，卢梭也渐渐地爱上了音乐。当卢梭离开这里去神学院学习的时候，华伦夫人就送了他一本有关音乐方面的书，她希望卢梭能够在音乐方面拥有很深的造诣。不仅如此，华伦夫人还经常在自己的家里举办小型音乐会，介绍许多的作曲家和卢梭认识。她认为这样卢梭的音乐天赋能得到极大的发挥。

的确如此，卢梭并没有辜负华伦夫人的一片期望。他不断地自学和研究，最后创作出一种用数字代替音符的简易记谱法，即具有独创性见解的著作《音乐记谱法》，所用的数字是1234567，用它们来代替Do、Re、Mi、Fa、So、La、Si音阶。与此同时，卢梭还撰写了《现代音乐论文》，并写了一部名为《新世界的发现》的歌剧。

在这一时期，卢梭的灵感犹如泉涌，才华横溢。但是时运不济，当他把自己心爱的作品带到科学院时，并没有博得委员们的欣赏和赞美，他们认为卢梭的这些东西只能用来演唱，而在演奏歌剧却差强人意。满怀希望的卢梭只仅仅在委员们那里得到了一张慰藉的奖状，并没有什么实质性的进展和认同。虽然他觉得自己的音乐作品是音乐史上的创新和改革……但是卢梭命运不济、壮志难酬，一切都不如所愿，挫折和困难一步一步打击着他。

为了抚平他内心的创伤，让他提起对生活的信心和勇气，华伦夫人又助了他一臂之力，让他从生活的阴影中走了出来。

华伦夫人劝告卢梭出去远途旅行，让他在大自然的怀抱里获得新生。华伦夫人的这一提议正好说到了卢梭的心坎里。

少年时期的卢梭就酷爱自然，经常一个人到处旅游。他对自然的情有独钟在自己的著作里表现得淋漓尽致。他用华伦夫人的独特的清醒和夺人心魄的气质，展现了自身，并使他在大自然的体会中得到更真、更美的感受……

卢梭也觉得风华正茂的自己正是爬山越岭，登临阿尔卑斯山的大好时机，在山峰上体会大自然的美妙与开阔真是一件美事。

他在华伦夫人的鼓励之下踏上了走上阿尔卑斯山的征程。他一路尽享了自然风光，一路走来的山川佳地让他应接不暇。卢梭把自己的生命都交给了大自然，他希望在自然之中得到一次新生。的确，他放开自己的心胸，把自己交给自然，让心情敞开，感觉自然的奇妙与梦幻，再也没有了精神上的空虚之感。大自然的奇妙多彩和神韵优美像母亲的怀抱一样，紧紧地拥抱了卢梭这一个骄儿……他像吮吸着母亲的乳汁那样，在大自然里徜徉游乐，胜过一切人类至理真言的书籍，比他从书中获得的一切都更美妙，更摄人心魄。

他热爱自然，崇尚自然。“他最伟大的教师，并不是任何一种书籍，他的教师是自然”。得益于这次旅行之后，卢梭像是迷恋上自然一样，多次和它亲近，不管是旅途中的美景，还是安闲自适的田园生活，或是青山绿水的优美风光，都令他迷恋、陶醉，自然，渗透了他整个生命。

不久之后，卢梭与和自己拥有共同兴趣、爱好和志向的大哲学家狄德罗建立了深厚的友谊。当时，狄德罗正在编纂《百科全书》一书，卢梭的兴趣和热忱也驱使他投入了这项工作中去。卢梭就帮助狄德罗编辑音乐那一部分，他们在一起共同研究，共同探讨，相处甚好。

然而，不久，狄德罗就被逮捕入狱了。为了搭救好友，卢梭四处求援，但是由于他的力量有限，即使几经周折，仍然无济于事。

为了尽友谊之道，卢梭经常到监狱去探望狄德罗。从巴黎到监狱的路程非常远，卢梭去的时候，经常带着一本书，他走累了就看一看书。有一天，他带了一本《法兰西信使》杂志，当他看到第戎科学院的征文启事《科学和艺术的进步对改良风尚是否有益》时，卢梭的思想就如同喷泉似的，顿时从心中流溢而出。卢梭的思想充满了他整个的生命，当时他几乎将要窒息，似乎看到了另外的一个宇宙，自己也变成了另一个人。脑子里许多奇妙的思想就如同是一层又一层的波浪似的袭击着他。他思想上的真知灼见就这样被震荡了出来。

卢梭看望狄德罗之后，狄德罗就鼓励他把握好自己的机会，让自己的思想充分地表现出来。

这时，卢梭才如泉涌，他很快就写出了这篇论文，而且还拿给狄德罗看。经过反复的修改和审视之后，卢梭就以《论科学与艺术》为题寄出应征了。令他没有想到的是，他这篇否定艺术和科学的价值，从反面进行了论证的论文，竟然获得了头等奖。

卢梭深刻地看到了科学、文学和艺术都把持在权力之中，根本就没有自由可言。他憎恶巴黎社会，并反对这种社会中所隐藏着的欺诈。

然而，由于种种原因，卢梭后来却和狄德罗反目成仇，分庭抗礼，他与以前亲密合作的伏尔泰也成了敌人。

卢梭的一生就是这样令人惊奇、令人不可思议，他在思想上的建树的确是首屈一指，但是如果我们了解了他的私生活的话，就会大为惊叹。

卢梭一生有许多的风流韵事，而且他还是一个性虐狂。他曾在自己的《忏悔录》里提到，自己在8岁的时候就被老师脱光衣服来鞭笞。

当他被老师鞭打的时候，不但没有感觉到疼痛难忍，他反而感觉到了一种性快感。从此之后，他就非常渴望能有年轻的女孩来鞭打他，正如他所说“正是这种惩罚注定了我终生的趣味、欲望和感情”。他钟情年轻的少女，一心渴望着她们的鞭打。有一次，他还曾躲在黑暗的街头，向一些年轻貌美的女子露出他的臀部。他说这是一种很愚蠢的事，但是就是这种愚蠢每次都能够给他带来无比快乐的性满足，最终他的这种举动还是被一名男子发现了，并把他抓走。

卢梭还和许多的女性有染，他和华伦夫人的关系就不用说了。

当他离开华伦夫人的时候，就和戴莱斯同居了。戴莱斯也曾扮演了他的母亲和妻子双重角色。如果说华伦夫人陪伴他走完前半生的旅程的话，那么戴莱斯就陪伴着卢梭走完了后半生的旅程。但是，戴莱斯却没有那么幸运，她为卢梭生下了5个孩子，全部被卢梭送到了孤儿院。而且与卢梭同居多年，直到晚年的时候，卢梭才和她举办了一个简单的婚礼。伏尔泰就曾经写了一本匿名发表的专门攻击卢梭的名为《公民们的感情》的书，指责卢梭作为一名父亲亲手抛弃自己的孩子的残忍和冷酷。

卢梭的《忏悔录》成就他的一生，也把他所犯下的罪恶和无耻的行径揭露给了人们。

他是一个能够内心自我修复的人，是一个为自己的所作所为敢于忏悔，洗刷掉罪恶的人。1756年，在巴黎居住了长达15年的卢梭，再也忍受不了城市的生活，实际上，他已经对这种浮躁和狂乱的生活厌倦至极。所以，卢梭借朋友的馈礼，即一座环境优美的乡村小房子，开始过起了遁隐的生活。

当时的卢梭已经不再用为了吃饭而感到烦恼了。他的歌剧《乡村卜者》和其他作品为其带来了丰厚的收入，他还经常抄写乐谱，充实日常所需。加之，他的才气和天赋使他稍微有了一点名气，他再也不用为吃不饱饭而发愁了，再也不用过那种穷日子了。

但是，卢梭觉得为面包而写作，不值得那样去做，他不屑于为了卑微地生存而出卖灵魂，那样不仅会窒息他的天才、毁灭他的才华，而且还会消磨他的心灵。他的才华是一种内在的富有，拥有超逸和豪迈的思想。他说，当一个人只是为了勉强能够生存而去思想的时候，他的思想就不能称其为思想，只能是垃圾罢了，因为他不得不迎合愚人的低级需要。为了能够和敢于说出伟大的真理，就绝不能屈从于世俗，向俗人低头。

在卢梭隐居的6年之中，他写了许多著名的著作，他的政治学名著《民约论》就是这个时候写的。

卢梭的教育学论著《爱弥儿》也是这个时候出版的，《爱弥儿》

是一部儿童教育的经典著作，简述了他独特而自由的教育思想。他的《爱弥儿》经过外界知名人士传阅之后，顿时成为了人们争论的中心。卢梭智慧卓绝、灵性独绝，匠心独运写出了这部作品，令他自己感到不可思议的竟然是，这部教育学著作被外界视为异端邪说，还被法国法庭列为禁书。卢梭一生都在为人类事业的幸福而奋斗，这是他万万都没有想到的。命运就会这么捉弄人，卢梭奋力疾书而成的作品本来应当是才智的结晶，但是社会却把他看成是人类的罪犯，打击他、迫害他，视他为人们的公敌。

就在一天夜里，当卢梭还在为人们的幸福而奋斗时，厄运降临了。当他正在床上阅读圣经时，就有人通知他明天他就会被法院逮捕，并打入监牢。他心爱的作品《爱弥儿》也因此遭受厄运，被最高法院判决焚毁。

卢梭面对这突如其来的厄运，只好卷铺盖行走天下了。当他来到瑞士不久，这个国家也同样命令他在一天之内离开瑞士。

在漂泊流浪的日子里，卢梭不仅顶住了厄运的遭遇，还写就了著名的《忏悔录》、《一个孤独的散步者的遐想》、《山中书信》、《公民的情感》等书。

不久之后，许许多多的女士、年轻人和哲学家都为他的作品欢欣鼓舞。纷纷给他写信，传达他们的支持和理解。在读者的鼓舞之下，卢梭去了英国，但是却因为与休谟矛盾的加深，不得不离开英国，隐姓埋名过起隐居的生活。

流亡的生涯和颠簸的岁月让他一生受尽了苦难的折磨和煎熬。但是，《爱弥儿》独到的教育思想，不仅对后来的教育学说产生了深远的影响，而且其中那些民主自由的思想也成为法国大革命的强大动力。他所写的自传体小说《新爱洛绮丝》也成为人人争看的畅销书，并被翻译成多种语言，风靡全欧。

1778年的一天，患有“迫害性心理分裂症”的卢梭在巴黎被马车撞翻，又被狗扑伤践踏，不幸去世。他那悲惨的一生就这样画上了一个句号。

社会就是这么不公，他生前遭人唾弃，死后受人膜拜。他被安葬于巴黎先贤祠，塑像为——“自由的奠基人”。

第二节
“自然神论”——鹤立鸡群的思想

问题不在于告诉他一个真理，而在于教他怎样去发现真理。（卢梭）

卢梭的哲学观点不同于别人，他认为，感觉是认识的来源，强调人性本善，信仰高于理性，坚持“自然神论”的观点。他认为，在自然的状态下，人在本质上是好的，然而，好人受社会经历的折磨和侵蚀就变坏了，社会的发展导致了人类不幸的继续。他就曾经在《论科学与艺术》中强调，艺术与科学的进步没有给人类带来什么好处，反而会导致人类的不幸和毁灭。他说，物质文明的发展不仅不能帮助一个人，反而使人的道德沦丧，失去人性。

在他的思考和探索之中，他发现生活在社会当中的人是不幸的，因为人不能离开社会而独立存在，社会的污浊和堕落也就等同于人类的不幸和下滑。人只有在自然的状态下，才是最好的。因为一个人处于自然之中的时候，就如同老子在《道德经》之中叙述的那样，“小国寡民”，“甘其食，美其服，安其居，乐其俗。邻国相望，鸡犬之声相闻，民至老死不相往来……”人们不知道善恶比什么都知道要好得多，人们懂得越多就越会沉沦、堕落，就越会陷入永恒的狂躁和不安之中，不会再有安宁和祥和的日子。

他认为，自然意味着内心的状态、完整的人格和精神的自由。

如果用中国的话说，那就是“小国寡民”永远都要比“大同世界”要好，在三皇以前，治世以道；五帝之后，治世以仁。“失道而后德，失德而后仁，失仁而后义，失义而后礼”。卢梭虽然没有生在中国，但是在这一点上，他的观点与老子的观点不谋而合。他也是这样认为社会把人教坏了，人只有在蒙昧的状态之下，才是最好的，因为他没有智慧，即使有智慧也没有用，智慧让人们的内心充满了善恶。他的《忏悔录》就敢于揭露自己的丑行，对自我进行剖析和忏悔。

在社会观上，他主张自由平等，反对压迫，他提出了“天赋人权说”，反对专制、暴政，著有著名的政治论著《社会契约论》。

《社会契约论》是卢梭最重要的著作，其中开头他就写道“人是生而自由的，但却无往不在枷锁之中”。然而，他的这一部名著在出版后，竟然无人问津。可见人们的思想是多么的愚昧和顽固，简直就像只知道睡觉的死猪。卢梭认为，好人是因为社会的出现才有的，在自然的状态之下，无所谓好人与坏人之分。人们虽然比较野蛮，没有人类的高度文明，但是他们的内心都是纯洁的、天真的、原始的，没有受过污染的清净和自然。也只有在有了社会之后，才有社会契约的出现。社会的契约是人们对成员的社会地位的协议。

在《论人类不平等的起源和基础》中，他说道，如果政府没有对每一个人的权利、自由和平等负责，那它就破坏了作为政治职权根本的社会契约。政府的责任就是维护人的平等、自由的权利，能够使大多数人的权利得到实现，实现公平、自由、平等，否则，它就是破坏了契约，就不会得到人们的允许和认可。他指出，政府就应该捍卫自由、平等和公正。如果一个国家不能以德服人，它就不能正常地发挥本身的功能，也就不能建立起让个人服从的权威和尊严。他还认为政治是不应当与道德分离的。

法国的大革命和美国革命都是卢梭在社会契约上的结果和印证。罗伯斯庇尔就是卢梭的忠实信徒，被称为“行走中的卢梭”。

在教育上，他主张改革教育内容和方法，顺应儿童的本性，让他们的身心自由发展，他认为教育的目的就在于培养自然人。这也是他的自然主义在教育上的自然投射。

他的《爱弥儿》中就体现了他的自然主义，他建议孩子的情感教育先于理性教育。他强调，让孩子在没有束缚的自我成长中得到知识。

有一个春天，在巴黎的一个夜晚，启蒙哲人狄德罗、卢梭和几个夫人谈论着信仰与上帝。在这些人当中，不信仰基督上帝的人很多，只有卢梭自己是一个基督徒。他们都认为宇宙就是由一种物质组成的，人也只不过是一种组合的物质罢了。卢梭听到此话之后，愤愤不满，而他又短于辩驳，他就很深沉地说道："如果听任别人诋毁一个不在场的朋友是怯懦的表现，那么容忍有人肆意贬低无所不在的上帝，就是犯罪。"

然而，由于敌众我寡、无神论者人多势众，卢梭无法对抗他们，即使辩驳也没有招架之力。在这样的情况之下，卢梭拍案而起："我，先生们，是信仰上帝的。如果诸位仍侮辱上帝，我将告辞！"

也许这就是卢梭在思想转变之后，第一次与启蒙大思想家的交锋和宣战吧，卢梭用自己坚定的立场来捍卫自己的信仰，他用一把尖刀刺进了启蒙主义的蒙坛，也正是在信仰和思想上的分歧，卢梭与伏尔泰、休谟、狄德罗、霍布斯、洛克等人分道扬镳，并坚决抗战到底。

卢梭究竟为什么与启蒙主义的思想不一样呢？他一贯坚持的是什么观点呢？这正是我们期待了解的。他的学说的真正核心就是"革命的神义论"：自然使人幸福且善，社会则使人堕落而命运悲惨。

他控诉现实社会导致了人类的不幸和罪恶的丛生，他指出现实社会就是根源。为了能够使人类摆脱不幸和罪恶的迷途，卢梭试图从上帝正义的超验，来构建一个以社会契约为基础的道德共同体国家。

许多其他的思想家所批判的只是社会的某一个方面，而卢梭不一样，他批判的是整个社会，凡是社会的东西，都是他批判的对象。在功利主义浓厚的伏尔泰等人看来，社会出现了一些弊端，他们希望通过运用人类文明的发展和进步，以及科学技术的发展来剔除社会之中的阻碍，让人类走上更高的一个台阶。他们都是像雕刻塑像那样把社会“小修小补”，企图局部的完善达到比较的和谐，而卢梭则是把属于社会的东西连根拔起，他摔碎了这个被小修小补的社会。

他认为，那些启蒙思想家打算用科学、艺术、工业等手段来支撑社会的发展就是缘木求鱼，甚至比缘木求鱼更悲惨。因为他觉得缘木求鱼不会带来什么毁灭和灾害，而启蒙思想家的那些伎俩完全是饮鸩止渴、自求灾祸。

卢梭想，那些现代社会的手段都是引导人沉沦堕落的罪恶之源，罪恶就在于社会形成后对自然之善的遮蔽。在文明社会刚刚形成之初，即是人类堕落的开始，就如同伊甸园的亚当夏娃吃了智慧树上的禁果一样，才受到上帝的惩罚和鞭逐，才带着原罪在人世间用自己的辛勤劳作来维系生存，救赎自身。文明社会不是我们良知萌生的起始，而是我们在最自然的状态之下，在最纯净的内心之中，良知的泯灭和消失。文明社会非但没有引人入胜，弃恶从良，反而，一步一个脚印，随着现代科学技术的进步，迎来了人类道德的下滑和天性蒙尘的异化，使人类在迷途上越陷越深。

那么既然卢梭认为社会都是有害的，它已经带着人们走向了罪恶的歧途，那么通过什么方法和手段可以拯救人类呢？

在他的《论人类不平等的起源和基础》一书中，他提出了自己一贯坚持的神义论。他说，神义论揭示出人的自然之善，而社会遮蔽了自然之善。在给予伏尔泰的信中也集中体现了他的这一观点。他指责伏尔泰贬损天意，并指出他已经说明人类之不幸如何由人类自身招致的缘由。

卢梭想，神之正义与否就决定了自然是否善，自然人的自然之善就是神意的真正体现。所以他承认基督教义的正确性：

宗教让我们相信：“上帝自己刚把人类创造出来，就立刻使人摆脱了自然状态，他们是不平等的，因为上帝愿意他们那样。”然而，卢梭的著作表明他所要批判的恰是这种观点。他接着说：“宗教并不禁止我们只根据人和他周围存在物的性质，来猜测一下，倘若让人类自然发展的话，究竟会变成什么样子。”

在卢梭的思想中，自然状态是一种历史真实。他在《爱弥儿》一书提出的教育目标就是为了能够在现有的社会条件下培养出自然人来，甚至他认为自己就是社会中的自然人，并且自己能够一直保持在自然的状态之下生活。

在卢梭看来，他之前的哲学家研究的自然状态也只是追溯到文明社会：

所有这些人不断地在讲人类的需要、贪婪、压迫、欲望和骄傲的时候，其实是把从社会里得来的一些观念，搬到自然状态上去了；他们论述的是野蛮人，而描绘的却是文明人。卢梭指出人是一种历史存在，人类文明社会和人性的一些产物，并非先天形成。而各个时代亦有不同的特点：“此一时代的人类，不同于彼一时代的人类”。有人如此评价：“卢梭的核心的、基本的、永久性的成就在于对社会和政治理论重新定向使历史的概念成为核心。”

卢梭是一个孤独的在内心之光指引下在自然中生活的人，他通过对自己内心的体悟了解到了真正的人性，追溯历史寻求到了真正的“纯粹的自然状态”。他说，自然具有超验性，自然人身上体现着人的原初天性。康德也曾经很敏锐地指出，“卢梭第一次发现了人的本性。卢梭吁求人们反省历史对人心自然的遮蔽。”马斯特就认为卢梭对人类本性的考察是以对科学真理的追寻和道德腐败的批判为动机，是结合真理与善的努力。

卢梭指出自然状态是富足充裕的，是善的，自然人不需要劳动即可悠然地生活下去。自然人拥有先天的自然之善，即天意之善，没有任何邪恶冲动或原罪。

生活在自然状态中的人，他们的感情都是最原初的、最直接的。他们无论做任何事，都不会伤害到自己，更不会伤害到别人。因为“善是一种无穷无尽的力量和一切有感觉的存在不可或缺的自爱之心的结果”。

卢梭还指出霍布斯对人性的判断是错误的：“霍布斯认为人类天生是大胆的，只想进行攻击和战斗”，而卢梭则认为恰恰相反，“没有比在自然状态中的人更胆小了”。在卢梭看来，自然人没有现代人所有的复杂欲望，他们的需求都是最低级，最容易满足的。所以自然人不可能在自然状态中形成只有社会人才有的那些情感，如追逐名利、热心权势。

自然人没有文明社会中的善恶观念，“既无所谓美德，也无所谓邪恶”，或者说“自然人所以不是恶的，正因为他们不知道什么是善。因为阻止他们作恶的，不是智慧的发展，也不是法律的约束，而是情感的平静和对邪恶的无知”。自然人天性无知，不知善恶，在他们那里善恶还是一体，还没有分家。他们的天性中没有伤害别人和故意制造邪恶的欲望，他们只享受一种生理生存的平静与快乐，并以此为满足，他们处在一种“自然存在”。

对此，伏尔泰就这样评价卢梭的《论不平等》：“以前从来没有人如此才华横溢地试图使我们变成野兽。”而卢梭觉得，也正是因为自然人不是社会人的道德存在，他们做事完全都是受本能的支配，所以，他们不会有任何企图作恶的想法，因而他们是善的，他们就是生活在和平安静的伊甸园里。这样，卢梭就很自然地指出，人的本质就是自然之善，天意之善。

自然人的自由是他们最大的幸福，这种自由同样是“非道德的或前道德的，但却能使人心灵安静。自然人之作为存在既未被启蒙迷惑，亦未被情感折磨”，也同样是人类曾经拥有过的最大的幸福。自然人没有社会人那样倍受灵肉二元对峙的折磨和分离。人的精神还是一元的潜在的“可完善的能力”。只有当自然人进入到社会人之后，人才陷入万劫不复的悲惨境地。

自然之善的失落即是人的堕落之始，罪恶之始。而导致人类的这一堕落，历史和社会当是罪魁祸首。

人获得了知识，摆脱了蒙昧的状态，对自己逐渐有了明确的认识。人类开始制造棚屋，形成家庭，爱的情感也开始萌生。于是，不久，人类就开始了真正的悲惨旅程。人们意识到自己与他人的差距，欲求膨胀，罪恶滋生。他们不得不去迎合社会和他人的需要，不得不掩饰自我的本真。这样的结果最终导致了自我的分裂，丧失了自然的自由。这种奴役正由于自我牢牢地束缚在社会之中，不得不依赖他人所造成：

你天生的体力有多大，你才能享受多大的自由和权力，不要超过这个限度；其他一切全都是奴役、幻想和虚名。当权力要依靠舆论的时候，其本身就带有奴隶性，因为你要以你用偏见来统治的那些人的偏见为转移。为了按照你的心意去支配他们，你就必须按照他们的心意办事。……一旦要用他人的眼光去观察事物，你就要以他人的意志为自己的意志了。……你经常说“我们想这样做”，实则你所做的往往是他人想做的事情……只有自己实现自己意志的人，才不需要借用他人之手来实现自己的意志；由此可见，在所有一切的财富中最为可贵的不是权威而是自由。

人最大的不幸就是丧失了自然的自由。自我欲望的奢求失去本真，自我灵魂的分裂陷入困惑。如斯塔洛宾斯基所言：“社会的弊病不是由人内在本质的缺陷，而是由人与人之间的关系引起……因此罪恶可以被视为对身外之物的追逐：特权、表象、物质财富的拥有。”

就这样，卢梭的神义论完成了：罪恶不存在于人的本性中，更非由人之本性造成，而是人的交往形成的社会特别是文明社会所造成。社会为罪恶载体，泯灭了人的自然之善。社会非但不能保障人的幸福，反而剥夺了人的自由，遮蔽了人的自然之善，是人类罪恶与不幸的罪魁祸首。所以，一个人如果想寻求到真正的自然之善和自由就必须抛弃现代社会。

然而人不可能重返自然状态，因而医治人类罪恶的救治方案只能是建构一种全新的社会，这一社会的合法性仍须以上帝之超验正义和人的自然之善为根基。

斯塔洛宾斯基认为，虽然卢梭很少谈到他的宗教信仰，“这完全是一部宗教作品，但非常独特，是又一部神圣的历史。卢梭把《创世纪》重写为一部哲学著作，其中充满了伊甸园、原罪和语言的混杂。这是人类起源的世俗的、解神话的新版历史，用另一种语言取代了《圣经》并加以重述。卢梭的语言是哲学思考的语言，没有一处提及超自然的神意。然而基督神学，虽然没有清晰地体现，但却塑造了卢梭的论述结构。过着与动物鲜有差异的生活的原始人是幸福的。他住在伊甸园里，并会一直住下去，直到他廾始使用理性。然而他一旦开始思考，他便获得了善恶的知识。人的焦虑的心灵感受到了生存分裂的不幸：人类因此堕落。”

然而，在现有条件下，人不可复归以往了，那人应当怎样去寻求自然之善呢？卢梭在序言中就先知般地提醒了世人：神命令你做什么样的人？你现在在人类中占着什么样的位置？对此你应当有所领悟。

卢梭认为历史的真正终结就是形成真正意义上的公意国家。寻求人的自由，自然整体、自然自由和自然之善，就是公意国家的目的，也是公意国家的本质。

他的神义论的核心就是：自然状态是至善天意给人的恩赐。善是源于自爱而爱他人的自然情感，它使人自爱，而美德却使人痛苦。卢梭说："听从支使我们行善的偏好是善，但不是美德。美德这个词意味着力量。没有不伴随着斗争的美德，也没有不取得胜利的美德。美德不仅仅在于表现为公正，更在于能战胜自己的情感，控制自己的心灵"。善能令人快乐，让人拥有自然的自由，它不会使人造成内心的分裂。而美德却不同，它"强迫自己自由"，是对自己的征服与压迫。拥有美德的人是崇高而不幸福的，至于至善的人没有美德却幸福快乐。

为此，卢梭在自己的《爱弥儿》中就把爱弥儿教育为一个普通的、能够自然地为善的平常人，而不是一位拥有崇高美德的伟人。他也为了使自己达到自然人的自然之善，沉湎于孤独的散步，自我独白忏悔来警醒世人。他把苏格拉底比作社会中的自然人，并还认为耶稣不需要战胜自己就能实践美德，把美德转化为一种善。

神的正义赋予了人的自由，让人自我寻求真正的自由。也即说，神在人堕落之后并没有抛弃人类，让人类在苦难与罪恶的深渊中挣扎：

由自然进入社会状态，人类便产生了一场最堪注目的变化；在他们的行为中正义代替了本能，而他们的行动也被赋予了前此所未有的道德性。唯有当义务的呼声代替了生理的冲动，权利代替了嗜欲的时候，此前只知道关怀一己的人类才发现自己不得不按照另外的原则行事，并且在听从自己的欲望之前先请教自己的理性。虽然在这种状态中，他被剥夺了他所得之于自然的许多便利，然而他却从这里面重新得到了如此之巨大的收获：他的能力得到了锻炼和发展，他的思想开阔了，他的感情高尚了，他的灵魂整个提升到这样的地步以至于——若不是对新处境的滥用使他往往堕落得比原来的出发点更糟的话——对于从此使得他永远脱离自然状态，使他从一个愚昧的局限的动物一变而为一个有智慧的生物，一变而成为人的那个幸福的时刻，他一定会是感恩不尽。

一个人如果没有对神之正义的信仰和对彼岸世界的期待，那么这个人就会失去实践道德的勇气。卢梭说：“一切正义都来自上帝，唯有上帝才是正义的根源，但是我们当真能从这种高度来接受正义的话，我们就既不需要政府，也不需要法律了。”

卢梭的思想浸透了神义信念的救赎情怀和末世期待。他的神义论是卢梭全部思想的核心，人的自然之善和自然自由就是上帝正义的体现。他认为，对现代社会的批判可以警醒现代人发现自我的分裂与异化。只有信仰上帝的正义和自然之善才能使人摆脱原罪的纠缠和欲望的迷失。

卢梭指控社会为罪恶载体，试图通过革新社会扫除罪恶实现人之再生。当人僭越成神后以神义为人义的旗帜使革命披上圣战的外衣……虽然卢梭的学说激发了无数仁人志士的革命激情，然而，卢梭却认为，革命对社会秩序的破坏从本身说就是罪恶。

他根本就没有想通过革命实现人类的救赎。对现代社会之深刻洞察使他更清醒地认识到，社会所具备的强大的异化人性的力量，这种力量也只有通过信仰上帝的正义和寻回真我的至善才能解脱。

卢梭在现代社会之始就有如此深邃的眼光和敏锐的洞察力，这不得不让我们由衷地敬佩。他明了了真正的人性，认识到了社会使人罪恶丛生，并指出了人类文明的程度越高，人类的罪恶也就越深，物质文明的路越近，至善和真义的路也就越远……

第十四章

康德的“三大批判”

康德喜欢独自思考哲学的命题，他生前经常在一条栽满了菩提树的小道上思考哲学。那些来来往往的人们只要每天午后三点半从这里走过，都会看到一个又瘦又矮的“小人”在这里慢慢地散步。

像机器那样准确，是康德的一贯作风，他无论是起床、写作，还是讲学、进餐、散步都不外乎是一个恪守时间滚年的人。当他散步的时候，邻居们也纷纷来校对时间，而同时教堂的钟声也响了起来。

然而，就是这样的一个人，如果你在准确的时间和准确的地点，没有看到他做他该做的事，那么你一定会感到很惊奇。他是不是出什么事了，或者他的钟表丢了?

就有那么一次，行如钟表的康德，竟然也有晚点的时候。一次，他读着卢梭的《爱弥儿》，读着读着就入迷了。他完全把自己沉浸在其中，忘了时间，忘了自己，达到了高超绝妙的境界。为了能够一口气吮吸到这里面的知识，他甚至放弃散步，放弃其他的一切活动。

可是，他这一突然的举动却引起了邻居们的彷徨和迷茫，究竟是按照教堂的钟声对钟表呢，还是按照康德的到来对钟表呢？他的出乎意料使邻居们陷入疑惑。

他理性得几近冷酷，似乎是一个没有热血的人，但是，在他的一生之中还是有接触过异性的渴望。一次，康德喜欢上了一位漂亮的女子，在一时的冲动之下，他就想娶她为妻。可是，考虑到此，他就计划盘算着自己的财产，娶一个老婆究竟能花多少钱呢，会不会透支，自己有没有把握……也正是在他为自己的财产花心思的时候，别人已经对他心仪的女子花了心思，最终他还是两手空空，心爱的女子投入别人的怀抱。还有一次，当他在旅游的时候，邂逅了一位年轻貌美的女子，于是，就对她一见钟情。然而，他对待爱情也像对待哲学那样严密，反复论证，究竟要不要求婚。当他在求婚这一问题上还没有求证结果之时，红颜早已飘然而去。从此芳踪难觅，康德也只好不了了之了。也难怪海涅曾这样评价他说：“康德的生平履历很难描写，因为他既没有生活过，也没有经历什么。”

第一节
“思想的行者”康德

没有目标而生活，恰如没有罗盘而航行。（康德）

在 18 世纪的德国，有一群闪烁着思想和艺术的群星，他们的光芒为世界所瞩目。而在这群星之中，康德就是最为明亮的巨星。康德深居简出，终身未娶，一辈子都过着单调刻板的学者生活，直到他逝世，他从来都未踏出过自己的出生地。

他把自己的一生都花费在了哲学上。他是一个独行者，踽踽独行，在自己的哲学小道上独行。

和许多伟大的德国学者一样，康德家境贫寒，父亲早早地就离开了人世。他一生没有结婚，也没有什么亲人。他仅仅靠着教学来挣得微薄的收入，但是他却从不亏欠任何人的钱财。他曾说：“当任何人敲我的门时，我可以永远怀着平静愉快的心情说：‘请进。’因为我肯定，门外站着的不是我的债主。”

幼小时的康德不但贫穷，而且还体弱多病。他瘦弱的身体和自己偌大的名声产生了强烈的对比。他长得瘦瘦的、矮矮的，胸部凹陷胸腔狭小，正如他在写给朋友的一封信当中所说：“我胸腔狭窄，心脏和肺的活动余地很小，天生就有疑病症倾向，小时候甚至十分厌世。”

但是，就是在这个狭窄的胸腔内装满了许多对人类的历史和文明有巨大贡献的哲学思想，在这个狭小的胸腔内拥有无限广阔空间的宇宙，容纳无量精神的世界。许多天才的智慧和闪光的思想就在这里面诞生。在他死后，就成了人类思想天空里的一颗巨星。现代存在主义哲学的奠基人卡尔·雅斯贝斯就将康德与柏拉图、奥古斯丁并称为三大“永不休止的哲学奠基人”。

康德喜欢独自思考哲学的命题，他生前经常在一条栽满了菩提树的小道上思考哲学。那些来来往往的人们只要每天午后三点半从这里走过，都会看到一个又瘦又矮的“小人”在这里慢慢地散步。

像机器那样准确，是康德的一贯作风，他无论是起床、写作，还是讲学、进餐、散步都不外乎是一个恪守时间滚年的人。当他散步的时候，邻居们也纷纷来校对时间，而同时教堂的钟声也响了起来。

他就是这么理性，做什么事情都很守时，甚至就像精确的瑞士钟表一样，在什么时间做什么事情都分秒不差。无论是遇到什么麻烦的事情，即使狂风暴雨的到来，他依然像钟表那样，不停止，不快也不慢。

然而，就是这样的一个人，如果你在准确的时间和准确的地点，没有看到他做他该做的事，那么你一定会感到很惊奇。他是不是出什么事了，或者他的钟表丢了？

就有那么一次，行如钟表的康德，竟然也有晚点的时候。一次，他读着卢梭的《爱弥儿》，读着读着就入迷了。他完全把自己沉浸在其中，忘了时间，忘了自己，达到了高超绝妙的境界。为了能够一口气吮吸到这里面的知识，他甚至放弃散步，放弃其他的一切活动。

可是，他这一突然的举动却引起了邻居们的彷徨和迷茫，究竟是按照教堂的钟声对钟表呢，还是按照康德的到来对钟表呢？他的出乎意料使邻居们陷入疑惑。

他把自己的生活安排得有条不紊，也像是时钟那样，分秒不停地运转。他总是每天早晨5点钟就起床，然而，给自己两个小时用来学习，两个小时用来授课，授完课就去写作。他每天都一直写作到下午一点钟。到这个时间就去用餐。从下午三点半开始散步，到四点半正好散步一个小时。在余下的时间里，他就读书、写作，为第二天准备功课。在晚上十点之后，他肯定躺在了床上。

他理性得几近冷酷，似乎是一个没有热血的人，但是，在他的一生之中还是有接触过异性的渴望。一次，康德喜欢上了一位漂亮的女子，在一时的冲动之下，他就想娶她为妻。可是，考虑到此，他就计划盘算着自己的财产，娶一个老婆究竟能花多少钱呢，会不会透支，自己有没有把握……也正是在他为自己的财产花心思的时候，别人已经对他心仪的女子花了心思，最终他还是两手空空，心爱的女子投入别人的怀抱。还有一次，当他在旅游的时候，邂逅了一位年轻貌美的女子，于是，就对她一见钟情。然而，他对待爱情也像对待哲学那样严密，反复论证，究竟要不要求婚。当他在求婚这一问题上还没有求证结果之时，红颜早已飘然而去。从此芳踪难觅，康德也只好不了了之了。也难怪海涅曾这样评价他说："康德的生平履历很难描写，因为他既没有生活过，也没有经历什么。"

也许康德没有真正地在人生之路上潇洒地走过，但是他至少在思想的道路上走过了辉煌的一生。

他的生活是枯燥的，但他的精神却是富有的。8 岁的小康德就反对宗教里那种僵化的思想，他甚至还怀疑建立在感觉和感受上的宗教。在大学期间，他经常出去听哲学课程。毕业后，康德去做了5 年的家庭教师，在此期间，他发表了一本有关笛卡尔、牛顿和莱布尼茨提出的哲学与科学命题的著作——《关于生命力的真实估计之思考》，这也是他青年时期的第一个成就。5 年的家庭教师生涯之后，康德重返科尼斯堡，从此之后他就再也没有离开过家乡。

康德回到大学，不久就获得了"自然通史和天体论"的硕士学位，几个月之后，他又获得了私人助教的资格，并开始教授哲学。

就这样康德开启了他哲学的人生历程。在私人助教这个职位上，他一干就是 15 年。与此同时，他还发表了许多哲学专著。康德把自己的哲学研究应当如何进行，贯穿到自然科学、美学、神学以及巫术当中去，在包罗万象的学科中去澄清究竟是从理性的观点出发，还是从经验出发，通过观察得出结论的观点。

康德以自己卓绝的智慧和循循善诱的课堂，感染了大众，受到了人们的爱戴和尊敬。他的名声也开始愈传愈远，他的学生也愈来愈多。甚至，在当时与歌德和席勒一起成为魏玛古典派顶梁柱的赫尔德，也成了他的得意门生。

尽管如此，康德茕独一生，把一切付诸哲学，不求回报。他拒绝了诗学艺术教授聘书，领受了埃尔朗根大学和耶拿大学聘教授的一片心意。他还一如既往地在自己的哲学领地躬耕、奋斗……当他获得科尼斯堡大学逻辑学与形而上学教授时，他就视名利如粪土，只求取自己应得的那一份。也就在此之后的十年之中，康德再也没有发表过一篇文章，而是扎进哲学的大海，潜心研究自己的思想。

他的学识渊博，思想超然，身为教师和著作家的他，不仅讲授物理学和数学，还讲授逻辑学、形而上学、道德哲学、火器和筑城学、自然地理等。

他的一生留下了许多令世人瞻仰的拜读的著名作品，如《关于自然神学和道德的原则的明确性研究》、《把负数概念引进于哲学中的尝试》、《上帝存在的论证的唯一可能的根源》、《论感觉界和理智界的形式和原则》。所著《视灵者的幻梦》等，都是他思想的精髓所在，都印证了他在哲学上的突出贡献。《论永久和平》提出了世界公民的主权国家原则，是康德为人类贡献的一部具有深远影响的著作；《自然通史和天体论》提出了太阳系起源星云说，是天文学说的又一大发现和探知。然而，由于人类的愚昧和无知，这种先进的思想和理论却不会及时得到人们的认可和接受，爱因斯坦是如此，帕斯卡、卢梭也是如此，康德更是如此。他这个长期遭受埋没的真理也只有在 1796 年，法国的数学和天文学家拉普拉斯在他的《宇宙体系论》一书中，独立地提出了这一观点，才被人们认识。

1781 年，他仅凭发表的《纯粹理性批判》这一部著作，就可以奠定自己在哲学史上的不朽地位。他这领域广阔而有独创性的伟大著作，带来了一场哲学思想上的革命。如《纯粹理性批判》、《实践理性批判》、《判断力批判》的“三大批判”，都是他一生的成就所在，精华所在。

在为人类的哲学思想熬干了血泪之后，他就安然地离去。他去世的时候，形容枯槁，骨瘦如柴。人们把他的遗体放在那里，把他的遗体当做木乃伊一样去展览。在德国寒冷的冬日里，土地冻得像一块坚冰一样坚硬，他的遗体在迟迟半个月之后才被安然地下葬入墓。

他像一个哲学的影子一样飘然离去，但是他却成了唯心主义的领袖，其后的费希特、谢林和黑格尔步入后尘。

临终之前康德发表了“论与费希特科学学之关系”一文。他的临终之笔是评价费希特的科学哲学一文不值。从此之后，他就告别了人生的舞台，也告别了他的哲学王国。如今他的墓碑上还赫然地刻着他的哲学观点：“有两种东西，我对它们的思考越是深沉和持久，它们在我心灵中唤起的惊奇和敬畏就会日新月异，不断增长，这就是我头上的星空和心中的道德定律。”

第二节
康德的“三大批判”

自杀是可恶的，因为上帝禁止这样做；上帝禁止自杀，因为这样做是可恶的。（康德）

康德的“三大批判”分为“纯粹理性批判”、“实践理性批判”和“判断力批判”，也正是这三大批判构成了他伟大的哲学体系。

在“纯粹理性批判”中，康德说道，我们究竟能知道什么？我们只能知道自然科学让我们所能认识到的东西，哲学可以用来帮助我们认识知识。他还说从柏拉图以来，形而上学从来都没有被理解过，也没有人能够解释，所以，形而上学实际上是没有答案的。

要想让我们知道这究竟是一个什么问题，那么我们必须弄明白认识的人和那些被认识的事物之间究竟有什么样的关系。语言和事物的一致性一直都是古典哲学中的理论。他问道：这样的一致性，我们如何才能让它们成为可能？事物是具体可感的，是物化的东西，而语言则是抽象的、笼统的、宽泛的和不确定的模糊概念。我们通过质量、体积、形状、数量、重量、运动速度等这些物体固有的属性来了解它们。我们甚至还可以进一步发问：

外部世界真实状况究竟是什么？因为如果我对物体的某些特性可以进行不同的想象，也就是说这些特性似乎只在我的感知中存在，我怎样才能肯定世界只不过是存在于我的头脑当中？因此，语言与事物的一致似乎只有在人的头脑中才成为可能。

这样看来，无疑是人们批驳和怀疑的对象。但是，如果人们不接受这一观点，那又如何呢？也许一种我们无法认知的外部世界确实存在，那我们又该如何呢？以前的那些哲学家论证的最后结果，就是上帝，让上帝来解释这一切。一切的一切都是上帝安排的结果。但是，我们又怎么能知道上帝让我们看到的事物就是事物的本来面目呢？

康德把这个问题颠倒了来看，就得到了一种更新颖的研究方法。他说，不是事物在影响人，而是人在影响事物。是人始终都在建构着这个现实世界。

他认为，在认识事物的过程中，人比被研究的事物本身更重要。从根本上讲，我们作为一个人是不可能认识到事物的真性的，我们所能认识到的也只有事物的表象而已。由此，他推出了自己的论断：知性为自然立法。他的这一论断太了不起了。他竟然能够用自己的眼光看出于现代量子力学中，事物的特性与观察者有关的认识。仅仅从这一点来看，康德就无疑是伟大的。

在“纯粹理性批判”中，他还研究了人类感知的空间和时间。他把人类的理解力看成是绝对的，用这种绝对的理解力来加工空间和时间里的物质。他还把人类的理性的形式，即人们对灵魂、世界和上帝的设想，理解为某种制约原则，人们的经验世界的构造就是通过这些原则实现的。

“纯粹理性批判”研究人类如何去认识外部的世界，而“实践理性批判”研究的就是伦理学中，我们应当如何去做的问题。他提出了著名的“范畴律令”来说明我们应尽的义务。他提出了著名的“（绝对）”，“要这样做，永远使得你的意志的准则能够同时成为普遍制订法律的原则”。

康德认为，我们人在道德上是具有能动性的，是可以由自己来决定的。一个人的命运可以由自己把握，至少可以把握他可以把握的那一部分。虽然人的行为会受到客观外在环境因素的制约和影响，但是并不能代表人就没有了自主力。人之所以为人，就是因为人是他自己的主人，人在道德上的选择是自由的，你可以选择那样去做，也可以选择不那样去做。人可以超越因果，但是如果一个人想真的超越因果，也是微乎其微，难上加难的。人无论做什么事，只要他还是在因果的范围之内，就必须对自己的所作所为承担因果的责任。

在“判断力批判”中，他提出了，我们究竟能够抱有什么样的希望？如能够真正做到有道德，那么也必须承认上帝的存在。因为当一切都结束之后，并不能代表一切都真的结束，因为开始和结束是同等的。他在“判断力批判”中，还关心人类精神活动的目的、意义和作用方式以及人的美学鉴赏能力和幻想能力。

康德使经验主义和理性主义趋向了统一，既不赞成唯经验主义，也不赞成唯理性主义，而是把思维与客体合一。他批驳了休谟的极端经验主义，把客体与思维的同一归于了“主体的能动性”。

康德的哲学不得不说是哲学史上的一个里程碑。之后的费希特偏离了康德的航向，把能动性发展到了一种极端病态的“唯我论”。康德的论证是柏拉图的延续和继承，更是真理的闪光和觉醒。

康德的书智慧充溢，康德的语言也晦涩充斥，他的学说是一座难以跨越的高峰。读他的书需要有勇气，读他的书更需要有智慧，认知他的学说更需要有天才，从他的学说之中感受到真理更需要有天性和先知。他的学说只写给那些能读懂的人去读，只和那些伟大的心灵产生共鸣。

第十五章

黑格尔的美学

黑格尔认为“美就是理念的感性显现”，他是从自己的“理念论”出发来进行研究的。他觉得美学研究的就是艺术，所以他把自然美排除在外。这是他所忽略的一点。他说，美学应当说成是“艺术哲学”，“艺术美的职责就在于它须把生命的特别是把心灵的生气灌注现象按照它们的自由性，表现于外在的事物，同时使这外在事物符合概念。”从事艺术的创作就是把自己的思想感情外化流溢成作品。心灵既是“作为自然物而存在”，又是“为自己而存在”，它“观照自己，认识自己，思考自己”，“只有受到生气灌注的东西，即心灵的生命，才有自由的无限性”。因此，至上的美才是真正的美，才是真正的艺术美。

万事万物的本质就是理念，理念是绝对真实，是超然于一切现象、一切外在物的最高的存在，理念显现于外在就是自然的或心灵的客观存在。只有当“理念”通过现象“显现”出来的时候，才是美。

对美的研究都是在寻觅一个永恒的“真”，也只有在心灵中的“真”才是至上的美。“只有心灵才是真实的，只有心灵才涵盖一切，所以一切美，只有在涉及着较高的境界而且由这较高境界产生出来时，才是真正的美。”心灵是最高的存在，美说白了也就是心灵的一种寄托和表现，它透露了内心的秘密，蕴含着精神与理念的艺术美才是真正的美。艺术旨在表达心灵与灵魂的感受，艺术表现心灵和灵魂的深度、广度与厚度。一个艺术家，他的心灵和灵魂越深刻，那么他的艺术美也就越无以复加。

第一节
黑格尔“绝对精神”的认识

凡是存在的都是合理的，凡是合理的都是存在的。（黑格尔）

黑格尔把绝对精神看做世界的本原。他提出了“绝对精神”这一概念，但是他的“绝对”和巴门尼德的“太一”还是有区别的。他的这个概念更和柏拉图的思想观念一致。黑格尔的“绝对”并不是那种超脱世外的“绝对”，而是一种能够表现自然、人类社会和人的精神现象的存在。他说，所有事物的更替、发展和永恒的生命过程，都是“绝对精神”的本身。他对哲学的研究，就是要向我们揭示出能够在自然、社会和思维中体现出来的“绝对精神”。更进一步说，也就是挖掘绝对精神的发展过程和规律性，证明思维和存在的辩证统一。

以思维和存在的辩证统一以及精神运动的辩证法和正反合三段式作为出发点，黑格尔认识到了，思维和存在在绝对精神那里达到了同一和统一。万事万物的本原与核心也就是绝对精神。黑格尔就是从逻辑、自然、精神三个阶段分别以逻辑学、自然哲学和精神哲学三个部分来论证他的观点的。

逻辑学是“研究观念（理念）自在自为的科学”，阐明了质量互变、对立统一、否定之否定的思维规律；自然哲学是“研究观念他在或外在化的科学”，用幻想来进行研究而不是用事实；精神哲学是“研究观念由他在回复到自身的科学”，贯穿在历史各方面的发展线索究竟能不能找到，黑格尔对社会、政治、伦理、历史、美学等方面的观点进行了探索。

在《历史哲学》的前言中，黑格尔阐述道："哲学表明，意识是存在于它无限多个概念之上的，也就是说，意识是存在于自由的、无限多的形态之中，而对立的抽象内省的形态只是它的一种反映。意识是自由的、独立存在的、有个性的，仅仅属于精神。"

所以"意识"作为单独的概念，是由无限多个"形态"的两部分组成，这两个部分分别是原则性的和对每个历史事件的具体反应，所以他又说："通常意义上的意识存在两个方面，一方面是对事物总体的概念，另一方面是对事物具体反应的抽象概念。"他同时说："每个人的自我意识不同，对事物的反应也不同，和原则性的意识有所偏移，但是对于一个正常的人来说，这种偏移是有限度的，这种限度取决于他的正常状态，取决于他对上帝的尊敬程度。要了解这种概念的程度，属于形而上学的范畴。"

所以，虽然黑格尔的语言艰涩难懂，许多读者看他写的哲学书，就像看天书那样不知所言。在所有的大哲学家当中，他的学说应当是最难懂的吧！他为了证明和阐述形而上学，分别从正命题、反命题和合命题，并通过实例举证和适应每一个历史阶段的原型进行了论证。有意思的是，他的这种论证只要从一个问题出发就可以联系到乐无穷远，甚至穷其日月，都不能详尽其妙。

黑格尔把一种绝对的，真实存在的东西命名为全体。他认为任何事物的分立性是不实在的，虽然它确实存在。也如同柏拉图强调的理念一样，认为其他的一切都是表象，表象的东西是不真实的，都是不可靠的。黑格尔同样认为每一个事物作为一个个体的存在，它们的分立性不真。世界上不存在完全独立的组成事物的最小的原子或灵魂。

可以把某一个事物的分立性看成是一种幻觉的存在。只有全体才是最真实的绝对，而其他的一切都不能算得上是根本完全实在的。

虽然说分立性可以看成是一种幻觉，但是存在必有存在的道理，它的分离也多多少少能让我们认知到，每一个事物都会分享全体的属性，正如每一个人都分有上帝的神性一样。如果说一个事物真的有实在的东西，那么它的实在也就在于这里。

但是，如果以时间和空间距离来说的话，由于时间和空间不能有分立性，所以它们就不可能有实在。而且经验主义者所研究的那些东西也同样如此。

黑格尔把万事万物都具有的全体看成是精神的、绝对的。绝对的全体也就不再有矛盾，它立于自身的圆满之中。他的意思就是说，我们不能把它说出来，否则，它就已经不是没有说出来的那个它了。

巴门尼德无疑是最伟大的，他是最早也是最深刻地提出了实在而唯一的“太一”，“太一”是球形的，也就是说真实的实在达到了那种无法言明的地步，至高无上的至极。黑格尔也有同样的看法，他认为绝对就是合正命题和反命题为一，不在分立的那个“一”。

比如说，我们把绝对认为是纯有，而又不给“纯有”加入任何东西，那么纯有就成了无，而我们如果说纯有是无，那么也不对。这样我们就由他的正题到反题再到合题，也就是说那“绝对”就是有和无的全体。那么全体就是变易吗？《周易》的意思就是变易，似乎说绝对就是变易也不正确。那么就这样我们一步一步改掉自己的错误，那么我们还是错误。从这里看来，当我们正在说某一事物的正面的时候，它内在固有的属性就立刻把自己转入到了反面，当我们再回来通过了解反面的时候，它就又和我们作对，转了回去，“有限物的界限不单是从外界来的；它自身的本性就是它被扬弃的原因，它借本身的作用转变成它的对立面。”

黑格尔把这种正反面叫做在前的阶段和在后的阶段，这两个阶段都是一体的，同一的，它们两个交叉出现，并时隐时现。当我们提出了前者的时候，后者也被提了出来；当我们提出了后者的时候，前者也被提了出来；当我们全提出来的时候，它们就又悄悄地逃遁了；当我们什么也不再提的时候，它们又慢慢地在一边偷窥。他说，也只有拥有全部阶段等分真理，才可以达到绝对的、完善的真理。真理不需要语言就能自我表达，而也正是说它不需要的时候，它又需要了。

“绝对”是所具有的认识“绝对”是“全体”。所以要达到这一认识，就必须要达到认识的最高形态，即自意识。从这种绝对的“全体”中黑格尔还深刻地认识到，没有什么事物完全能够是假的，也没有任何一种事物完全是真的，任何事物都具有真假的成分在里面。在纯粹的光明之中就如同在纯粹的黑暗之中一样也看不见任何东西。

“我们能够多少有些错误地去认识”“真理就是全体”，任何部分的事物都不能算是十分的真。

黑格尔说：“理性即对全部实在这种有意识的确信。”他这句话的意思不是说分立的人虽然也有实在而被成为全部的实在，而是他在分立的实在之中能够认识到全体，再回归到全体而言的。真正的实在都是指向全体的，从每一个并不算十分真的个体到全体的真。

他还在《逻辑学》中提到了“绝对理念”，这种“绝对理念”有点像亚里士多德的“神”。黑格尔认为，绝对理念是思维着自身的思想，思维着纯思想的纯思想。从这里可以理解到，这个“绝对理念”就是除了思维他自身的存在以外，其他的什么思维都没有了，这也就是古往今来神所做的一切。他接着说：“因此这种统一乃是绝对和全部的真理，自己思想自己的理念。”

在黑格尔的哲学中还有一点与柏拉图相区别的地方。虽然他承认终极的实在是无时间性的，时间就是我们的一种幻觉，一种我们不能真正地看到“全体”的幻觉。可是，他说，时间过程跟纯逻辑的辩证法的过程有很密切的关系。他还认为，世界历史一向都是历经从中国的“纯有”到“绝对理念”的各范畴而进展的，历史就是反复辩证法的各个转变的演进。黑格尔就曾在自己的《历史哲学》的绪论中这样写道：

“理念正如同灵魂向导默久里神，真正是各民族和世界的领袖；而精神，即这位向导的理性的、必然的意志，是世界历史的种种事件的指导者，而且一向就是。按精神的这种指导职能来认识精神，便是我们当前的工作目的。”

黑格尔详细而深刻地阐述了精神，他说，精神就是自身均一的无限的“一”，精神是纯粹同一的，是自由的，它在自身以内就具有中心。同一性把自己同自己分离开，所以自己的另一个自己，就是与其相对立的“向自有”及“内自有”。

与许多哲学家如出一辙的是，黑格尔认为：

宇宙任何部分的性质深受这部分对其他各部分和对全体的关系的影响，所以关于任何部分，除指定它在全体中的地位而外，不可能作任何真的陈述。因为这部分在全体中的地位随所有其他部分而定，所以关于它在全体中的地位的真陈述同时就会指定其他每一个部分在全体中的地位。因此，真陈述只可能有一个；除全体真理而外别无真理。同样，除全体以外，没有完全实在的东西，因为任何部分一孤立开便因孤立而改变性质，于是不再显出十分真的面目。另一方面，如果照应当抱的看法，就部分对全体的关系来看部分，便知道这部分不是自立的，除作为唯一真正实在的该全体的部分而外，不能存在。这是形而上学学说。

就是这样的形而上学学说，决定了价值不寓于部分而寓于全体的伦理学说的对与错。伦理学说就是从“绝对”的精神之中分离出来的，只有把伦理学说再合到绝对才是完整的。

第二节
艺术哲学——黑格尔的美学

在纯粹光明中就像在纯粹黑暗中一样，看不清什么东西。（黑格尔）

在美学上，黑格尔认为“美就是理念的感性显现”。他是从自己的“理念论”出发来进行研究的。他的《美学》是西方美学史上具有划时代意义的鸿篇巨著。其实，严格地说来，黑格尔的美学理论也都是他在一次“美学讲演录”中提到的。后来，他就把自己有关美学的看法整编成一本书，于是，就成了我们今天看到的他的美学。他认为，我们研究美学的目的“不是为了刺激艺术创作，而是从科学的角度来理解艺术”。

我们从他的这一句话中可以看出，他完全把美学束缚在了“绝对理念”上。他把美学确定为绝对精神的体现。他说“理念就是概念与客观存在的统一”，“理念的最浅近的客观存在就是自然，第一种美就是自然美”。

他认为，至上的美就是绝对的精神，这是许多人无法理解的。理念存在于一切的存在物之中，唯一真正的实在就是理念，理念是最高精神和最高的实在。他把美理解成了普遍与特殊、客观与主观、理性与感性的统一，这样的统一是由感性来实现的，因此，他说：“正是概念在它的客观存在里与它本身的这种协调一致才形成美的本质”。自我认识、自我实现的过程都是由理念决定的，所以美和艺术也是如此。他还说，理念有几个发展阶段，在逻辑阶段，人是认识最高的有机体。当人出现之后，美也就从自然转入到了精神，这样一来理念就返回到了精神，复归自己的精神家园。

只有思维和存在、主体与客体实现了同一，理念才把自己的本性显现出来。那个自为自在的存在也就开始认识、实现和回复到自己了。

他觉得美学研究的就是艺术，所以他把自然美排除在外。这是他所忽略的一点。他说，美学应当说成是“艺术哲学”，“艺术美的职责就在于它须把生命的特别是把心灵的生气灌注现象按照它们的自由性，表现于外在的事物，同时使这外在事物符合概念。”从事艺术的创作就是把自己的思想感情外化流溢成作品。心灵既是“作为自然物而存在”，又是“为自己而存在”，它“观照自己，认识自己，思考自己”，“只有受到生气灌注的东西，即心灵的生命，才有自由的无限性”。因此，至上的美才是真正的美，才是真正的艺术美。

万事万物的本质就是理念，理念是绝对真实，是超然于一切现象、一切外在物的最高的存在，理念显现于外在就是自然的或心灵的客观存在。只有当“理念”通过现象“显现”出来的时候，才是美。

对美的研究都是在寻觅一个永恒的“真”，也只有在心灵中的“真”才是至上的美。“只有心灵才是真实的，只有心灵才涵盖一切，所以一切美，只有在涉及着较高的境界而且由这较高境界产生出来时，才是真正的美。”心灵是最高的存在，美说白了也就是心灵的一种寄托和表现，它透露了内心的秘密。蕴含着精神与理念的艺术美才是真正的美。艺术旨在表达心灵与灵魂的感受，艺术表现心灵和灵魂的深度、广度与厚度。一个艺术家，他的心灵和灵魂越深刻，那么他的艺术美也就越无以复加。

黑格尔还说，美的对象必须包含两方面的内容：“一方面是由概念所假定的各部分协调一致的必然性，另一方面是这些部分的自由性的显现是为它们本身，不只是为它们的统一体。”只有囊括了这两个方面的美才是真美。

第三节
黑格尔的思想成就

只有那些永远躺在坑里从不仰望高空的人，才不会掉进坑里。（黑格尔）

黑格尔的学说在后来很长时间内一直引起争论，他对思想界有广泛的影响，几乎任何学派都对他的学说给予肯定或提出批判。

将黑格尔学派分为两个阵营，黑格尔右派的代表是柏林汉博德大学的追随者，他们拥护福音正统的宗教观念，拥护后拿破仑时代的政治保守主义。

黑格尔左派，有时也被称为“青年黑格尔派”，他们继承黑格尔学说中的革命成分，在宗教方面主张无神论，在政治领域主张自由民主，其中包括费尔巴哈和年轻时代的马克思和恩格斯。在 1830 年代和 1840 年代，这些年轻的黑格尔信徒经常在柏林希贝尔酒吧聚会、争论，这里的氛围造就了对以后 150 年有很大影响的思想家们，形成了无神论、人文主义、共产主义、无政府主义和利己主义的基本观念。

但是几乎没有一位黑格尔左派宣称自己是黑格尔的追随者，有几位还公开批评黑格尔的哲学，但是这种历史上的区分法仍然在现代学院哲学中使用，黑格尔左派对黑格尔的批评导致一个全新的领域——关于黑格尔和黑格尔理论的文学作品。

对当代在校学生来说，为了方便将黑格尔的辩证法分为三个阶段，“正题”（例如在法国历史上的大革命）、“反题”（大革命随后的恐怖阶段）和“合题”（自由公民的宪法保障状态）。这种分法并不是黑格尔自己提出的，最早见于费希尔的对个人和全体之间联系的一个模拟描述。黑格尔学者们并没有意识到这种三段论法会掩盖黑格尔理论的真实论点，虽然黑格尔曾经说过：“要考虑到两个基本元素：第一，自由的意志是绝对的和最终的目的；第二，实现的方法，也就是说知识和意识的主观方面，包括生命、运动和活动。”（正题和反题）但他没有使用“合题”这个术语，而是用“整体”。“这样我们就了解了整体道德和实现自由的状态，以及其后这两种元素的主观整合。”

黑格尔运用这种辩证法体系解释哲学、科学、艺术、政治和宗教的历史，但是现代评论家指出黑格尔经常修饰历史的真实以适应他的辩证法模式。卡尔·波普在他的《开放型社会和它的敌人》中指出，黑格尔体系文饰了威廉三世的统治，他认为1830年代的普鲁士是理想的社会。赫伯特·马尔库斯在他的《理性和革命：黑格尔和社会理论的崛起》中批判了黑格尔作为一个国家权力的辩护士，为20世纪极权主义的兴起开辟了道路。实际上黑格尔并没有为这些权力形式辩护，只是认为存在的都是合理的，因为这些权力存在，所以也是合理的。亚瑟·施潘豪尔藐视黑格尔对历史的解释，认为他的著作是蒙昧主义的，是“伪哲学”，许多英国学派的哲学家也遵从这种看法。

20世纪黑格尔的哲学开始复兴，主要是因为几个原因，一是发现黑格尔的哲学是马克思主义哲学的源头，还因为黑格尔的历史观开始复活，再有黑格尔辩证法的重要性得到广泛的认同，将黑格尔的理论重新带到马克思经典中的最重要的著作是乔治·卢卡斯的《历史和经典概念》，掀起一股重新了解评价黑格尔的著作热，黑格尔的复兴也引起对黑格尔早期著作的兴趣。现代美国的哲学家也明显受到黑格尔的影响。

第十六章

叔本华的意志论

叔本华是一个很了不起的大哲学家，他的哲学是与众不同的，他提出了意志论的学说。他的意志论非常的了不起。他认为人生就是被一种叫做意志的东西所控制，一旦人没有了这种意志，那么他的理想，他的追求就会迅速垮台。每一个人几乎都是被意念所支撑的，意念不会被他所左右，意念只能左右他。在他看来，人是有主见的，一个人能够自我制约，自我控制都是片面之词。在某一种程度上人们都是被欲望牵着鼻子走，找不到自我，也不知道去找自我，全都在欲望的渊薮里迷失了，也就是说在意志的控制下陷入了深渊。人们所谓的意念无非也就是太执着于自我了，总认为那个现在的我就是最为真实的我。总认为那个肉体的我就是我的所有，是我所有的本体。其实那一个虚脱的梦都是虚妄，“昔日所云我，而今却是伊，不知今日我，又属后来谁”，“不复知有我，安知物为贵。知身不是我，烦恼更何侵。”

叔本华的哲学论著培育了一个更伟大的哲学疯子——尼采，他用最敏感的哲学触角触动着人的心灵深处，让被意志束缚的心展露无遗，更让一颗疲惫的心灵在自我呻吟中喊出了痛苦的心声。

他认为意志就是人们怀揣梦想，而最终梦想落空的罪魁祸首。意志就像是一个噩梦一样死死缠绕着人们，当人们还在昏昏沉睡的时候，它就把人们扼杀在梦的港湾里。

第一节
人生执著的梦想——《意志论》

没有人生活在过去，也没有人生活在未来，现在是生命确实占有的唯一形态。（叔本华）

叔本华不同于其他的哲学家，如费希特、谢林、黑格尔等。他是一个悲观主义者，他不想让人们放纵欲望，他的思想又回到中世纪的基督教教义中去了，他希望禁欲，不允许人们有欲望。他的思想境界是很高的，因只有圣人和伟大的先贤才能做到有极少的欲望，并且能够忘我。

他的思想核心就是意志，他所说的意志也就是人们自我的执着和坚持。执着于自我的理念和梦想，屈从于自我的欲望和肉体。他认为意志是独立于时间和空间之外的，它不受时间和空间的约束和制约，一个人的意志是很强的，甚至能支配他的一生。每一个人都靠自己的意志支撑，意志也就是他时时都执著的信念，自己要做什么，一定能做到什么，想做什么……

叔本华认为，意志最终导致人们陷入悲观、空虚、无聊，最终让人们感觉到人生的悲哀和苦楚。他预言了精神分析学和心理学，而且他的论著文笔流畅，思路清晰，为后来诗意化的哲学著作奠定了基础。

叔本华的意志是很受因果论影响的，他是一个彻彻底底的宿命论者和决定论者。他认为，我们可以做我们想做的，但不能想我们所想的。人的意志是通过某种超因果的东西所命定的。叔本华的哲学观很像佛陀的观点，人世皆苦，唯有到达彼岸才是快乐自在。热闹的一生自有生命以来就已经被注定了命运，安排好了一切，所以一个人无论他如何奋斗、如何努力，最终的结果还是他。支配人的是一种不可知的东西，是超越于人的意志之上的，是支配意志的。

意志是不能被人所左右的，它只能去左右人。看似偶然的东西，其实都是神秘的意志在操控着。人所发生和遇到的事情，没有没原因的结果，也没有没结果的原因。只要一个人做了一件事，肯定会有结果，但是，有时，一个人并没有做什么事，许多偶然的、出乎意料的事情就发生了，即使如此，也是一个人已经做了某些自己都不知道或不能认识到的事情。再偶然的事情也是必然的，再必然的事情也不是固定不变的，世界上没有永远的绝对，也没有绝对的永远。一切的事物都是在迁流和流变。

所有人的意志都是一种无法满足而又到处都有的一种欲求和渴望。世界的本质就是靠这种无法填补的欲求所支撑。人的意志永远都不会被满足，人的欲望也就永远都没有底线。人时时都想满足自己的这些欲求，而人越想去满足它，就越是被意志驱动和利诱，越是这样，人就越感到得不到满足的痛苦和无奈，就越会空虚、无聊。陷人意志的深渊，无疑是世界上最悲哀的事情了。欲念和意志越深，人的悲哀就越重。所以，叔本华想，一个人只有摆脱意志的束缚和缠绕，突破欲望的控制和制约，才能从根本上获得自由。由此可知，为何叔本华时时强调让人们禁欲，他的确看到了意志的危害。他觉得一个人也只有悬崖勒马，回头是岸，守住内心的清净和圣洁才能活得潇洒自在，才能摆脱痛苦的折磨，常立永恒快乐之境。他的这种观点和佛陀的观点可以说是异曲同工之妙。但是一个人又怎样才能摆脱意志的束缚而自我独立呢？无论你悲观也好，乐观也好，每一个人都有着同样的宿命和归途。悲观是他看到了这个世界的本质就是意志，而乐观就是对现实的逃避，给自己造成一种假象，浑浑噩噩，从不去考虑，也不去追问，像是一个盲从的人，随波逐流。在哲学史上，许多人都认为叔本华是一个悲观主义者，而却很少有人知道叔本华既反对悲观主义的人，也反对乐观主义的人，乐观也好，悲观也好，世界的本质都没有变，它还是意志的，人人还是在意志的操控下奴性地生活。真正自在和快乐的人既不会悲观也不会乐观，他完全是处在一种内心的圣洁和清净的状态。但是一个人受意志奴役容易，洞破意志的伎俩却很难。

有的人受不了命运的诅咒和迫害，就自杀了，这正好成全了意志，顺从了意志的心愿。叔本华说，其实，死亡并不是一个人的终结，而是另一种状态的开始，当一个人死亡的时候，他就会立刻从一种生的状态转入到另一种状态，虽然人的表象已经失去，但是实质或灵魂的东西还是存在。人类的出生和死亡都是具有内在原因的，生是死的开始，死也是一个人即将转入到生的开端。没有死去而一切都不存在的可能，也没有身后，就一切都被磨灭的可能。生和死是一种轮回，也是一种循环的交替。自杀不是一种解脱，而是让灵性转入到另一个状态之中继续受罪，生来也不是一种自由，而是一个灵魂从摆脱意志的束缚到更高的一种状态的行程。

要想摆脱意志实所难能，只有那些智慧卓绝的人，洞悉世界一切的人才会很自然地升入到永恒的自由快乐之境。而在人世之中，这样的人又是很少很少，世界上多数被生下的都是愚人和傻子。所以愚人和傻子没有智者先贤的那种高明，他们只能在意志的诱惑下沉沦、堕落。所以叔本华就找到了禁欲，他认为只有通过禁欲才能让那些人少走弯路，避免沉沦。这样看来禁欲也就和基督教所说的无甚差别，这种修行就是一种如吃药一样的苦行。

人的道德很难去约束一个人，不让他堕落，因为他的欲望极深，意志极强。人的行为之中充满了利己、恶毒的一面，也正是这一面才导致人们陷入痛苦的深渊而无法自拔。有的人在食欲、性欲、权力欲上的追求就促使他突破了道德的底线，损人利己、无所不为。

他们为了达到自己的卑微行径和实现自己的卑鄙人性，就幸灾乐祸、落井下石。内心的恶魔就时时想着诅咒和侮辱别人，让别人在这种打击下就范。

叔本华认为真正有道德的人是稀有的，一千个人之中有一个道德高尚的人也是难能可贵的。道德是每一个人从一出生就带来的，它是属于灵性中纯洁的东西，而人们不去追求和复归道德的本初，而是去追求肉体所能够带来的欲望。人的道德在起初都是一样的，人都是平等的，都是从同样的地方而来，向同一个方向走去。在这个人身上所具有的本性之中的东西，在另一个人身上也会具有，只不过有的人知道自己具有，并且寻回了内心的富足，而有的人却不知道自己拥有，也不会去寻求内心的真我，造成了内心的贫瘠。遗憾的是，寻回本真的人那么那么的少，而沉迷于意志和欲望的人又是那么那么的多。

没有一个人能比另一个人多些什么，也没有任何一个人比另一个人少些什么。从本质上说，万物都是一体，因为它们都具有万物所具有的属性，都是宇宙的一个小小的部分组成。他的这种思想又和中国的庄子的观点一致了。庄子讲求万物一体的齐物论思想，他认为万物间无差异，人、我间也无差异，所谓的差别也不过是形体和表象的不同而已。

叔本华还提出了论充足理由的四重根的思想，他的充足理由律指的是：任何事物都有它之所以如此的理由，或者说没有一个无法被解释的事物。

他说他的这一论证往往容易被别人滥用，导致谬误的出现。别人总是把他的充足理由律用于判断某一事物变化的原因上。他的充足理由律是有四种不同的含义的，他也由此把这四种含义命名为“四重根”。他的“四重根”分别是：因果律、逻辑推论、数学证明、行为动机。充足理由律并不能用四重根来证明，但是充足理由律却能够在这个四重根之中表现它自己。他认为因果律只作用于表象之间，而和物自体没有丝毫联系，而且一切表象间都受到因果律影响，任何事物的变化都是有一个超前的不为人知的原因的。

叔本华不相信上帝的存在，但是却相信有这个超验的充足理由律。他并不热衷于宗教，也并不对宗教怀有什么好感，但是他的禁欲的思想却与基督教的思想完全一致。他更多的是受佛陀思想的影响，他的意志所导致的一切痛苦便和世界都是苦海的思想同样。本来那一个不能被证明的神秘的因果律即是上帝的充足理由律，而他并不确认。

他的这个充足理由律和康德的认识也是不同的，康德认为充足理由律是可以被证明的，而叔本华却认为充足理由律不可能得到证明，如果想去证明它，最终也是一种徒劳而无济于事。证明它就要首先给定一个命题，并认为这个命题是正确的，在一个假定的基础上去证明，即使证明出来的东西也还是再被反复证明，前提是一种假设，那么被证明出的东西就不可规避有许多漏洞和不足。前提的那些隐藏的未被认识到的东西，同样在被证明的事物中也会得到同样的不确定，既然不能确定，那么充足理由律依然不能被人所了解。所以说，叔本华的充足理由律是一种先验论，是超人的意识存在的。而在直观认识上，康德的认识是先验论，叔本华却认为一个人可以通过直观认识了知事物的内在，去认知宇宙的真相。康德却恰恰相反，他觉得知觉是在人的主观之上的，因果律也是先验的。

第二节
叔本华的“独处”

世上的每一朵玫瑰花都有刺，如果因为怕扎手，就此舍之，那么你永远也不能得到玫瑰芬芳。（叔本华）

叔本华是一个很另类的哲学家，他在独处上的观点也是很独特的。就如同孟子所说的一样，他也认为万物皆备于我。他觉得一个人能够做到自得其乐就是很满足了，一个人所要去追求的东西都在他的内心。越是容易满足，也就越幸福，亚里士多德就这么说道："幸福属于那些容易感到满足的人。"一个向外求取的人，他很有可能求得到，也有可能求不到，求得到是因为机遇，求不到是因为命运。而如果一个人向内求取的话，那么只要真心去求，就没有求不到。

当一个人得不到他想要追求的东西时，就会醉生梦死、花天酒地，把自己沉迷于醉酒、无休止的性欲当中。他们试图通过麻痹自己，用身体的感官快感和高潮来填补内心的空虚和寂寞。这些人越是这么做，越是在事后感到空虚和寂寞，就越无法摆脱意志的纠缠和束缚。

社会在人欲、物欲的狂欢之中，一个人很少能有独立。在社会的交往之中人与人之间难免会有迁就和忍让。人群之中，一个人没有自由可言，也只有在一个人独处的时候，他才可以完全成为自己，他才能有自由可言。谁如果不喜欢独处，那么他就没有什么自由可言。每一个人生下来就是孤独的，没有谁能够眷顾谁一生。每一个人的一生都是由他自己决定的。有些人害怕独处，他们不敢独自面对自己的心灵和内心。一旦让他们这样做，他们就变得惶恐不安。

一个人的思想越卓越，个性越独特，他就越难融于社会。因为一个人的天才成分越多，那么他的朋友也就越少。在独处的时候，一个可怜虫就只会感到自己的可怜、被别人冷落、遗忘等，而一个具有丰富思想的人却会感觉到自己丰富的思想如漫溢的流水汩汩而出。如果一个人身心都感到孤独是很有裨益的，因为他越孤独他就会越有自由。他不会因为社会上频繁的交往扰心费神，也不会因为感情上的苦苦纠缠而失去自我。那些独立的人经常和积极入世的分子背道而驰，受到大自然薄待的积极分子就深深地扎入到社会当中，受社会的熏陶和影响，而为数不多得到了大自然青睐的人，他们享有自己的一片天空，虽然在积极分子看来他们一文不值。社会聚会时，人员越多，那么，越显得平庸。在平庸的聚会上，智者是没有立足之地的，因为每一个人都获得了平等的权利，人们都要求别人承认他们对社会作出了同等的成绩和贡献，但是他们却总不会承认一个人在精神和思想上的成就。社会约束那些智者要对愚昧、呆笨和反常的人有耐性，要容忍他们，而那些智者一旦表现出了自己卓绝的智慧和才识，就如同犯了一个重大错误一样，令许多愚人不高兴，让他们感到愤怒。这样一来，那些智者也就不得不向他们道歉，请求他们的原谅和理解。因此智者就不得不韬光养晦、被褐怀玉，把自己的优点隐藏起来，而把自己最平庸的一面表现给他们，让他们知道自己也和他们一样愚蠢至极。社会不允许一个人显露天性，它要强迫我们为了迎合别人而扭曲、萎缩自己。在泛泛和平庸的社交中，人们对充满思想卓见的谈话都会感到深恶痛绝，甚至是不屑一顾。所以，一个智者要想融入到社会之中，与平庸的人相处，就不得不放弃自我，和他们一样沉沦和自我迷失。

由此看来，社会上的傻子是如何之多，而智者又是如何之少，况且智者还要屈从于傻子和他们一起发傻。没有人知道也只有一个人和他自己相处的时候才是最完美的，而不是自己的朋友或者配偶……一个人只要深居简出，就能长期保持一种宁静、祥和的心境，一种尘世间难以寻觅的恩典。

孤独是自由者心灵安享的天堂，是一切内心幸福和快乐的源泉。一个人能够在纷纷喧嚣的世俗找回那个真正的自我，体会内心深处最快乐的秘密，那么他无疑是这个尘世之中最幸福的人了。西塞罗曾如此说，“一个完全依靠自己，一切称得上属于他的东西都存在于他的自身的人是不可能不幸福的。”

这样看来，那么一个人自身拥有的也就越多，别人能够给予他的也就越少，他外在需求的越少，他得到的也就越多。在一个纷纷扰扰的俗世上，真正有价值的东西是不会受到人们的喜爱的，也不会得到人们的尊重的，而那些贫瘠的、粗俗的，没有任何价值的东西社会上的人却奔走呼叫、趋之若鹜。

一切的智者都是遭社会唾弃的，而他们还要做人世的灯塔照彻黑夜，为一群傻子掌灯。明智的贤哲明了这一切，所以他们就归耕退隐了。他们知道尽量避免少与人打交道，或不与人打交道。

那些平庸的人忍受不了孤独，他们内心的厌烦和空虚使他们不敢面对自己。所以，他们就去外地旅行，去和人交往、聚餐和闲聊。他们需要用一些物质的麻痹来填补自己内心的空虚。一旦他们从这样的麻痹之中醒来就会感到更加孤独、寂寞、空虚、无聊，他们的精神思想就会在重负之下沉沦，最终陷进一种悲惨的浑噩之中。

而一个完整的人就是一个独立的统一体，他自身便是充足完备的。一个有丰富思想头脑的人，就如同一架钢琴，它本身就是一个小型乐队。他即使想找一个人和他一起演奏，那么也只是能产生共鸣的人，是高山流水的知音。拥有思想的人不需要和别人拥挤在一块。一个人越是具有思想，他也就越是社会的低能儿，越是无法与人交往。一个人对社会的热衷和依赖的程度与他的思想是成反比的。这一句话，“他不喜好与人交往”，就几乎等于说“他是一个具有伟大素质的人”了。

孤独的人也是最自由的，他们拥有自己的思想，他们不会为与社会上的那些愚人和傻子相处给自己带来内心的痛苦和麻烦，因为生活在拥挤、繁杂的世人当中，就会变得步履艰难，左右掣肘，正如拉布叶所说：“我们承受所有不幸皆因我们无法独处。”他们内心的充实与满足以使他们获得快乐，他们每天都生活在幸福之中，就像亚当那样重新享受原初的、与自己本性相符的幸福快乐。

孤独、离群的倾向总是与一个人的思想精神有关的，有的青年人喜欢孤独，喜欢听老者的智慧箴言，他们喜欢自己一个人长久地独处，他们觉得这是一种快乐。而有的人却即使在风烛残年依然是浑浑噩噩，不知所归。

想一个人独处，想过一个人的生活的人是一种幸福，他们已经比任何人早先认识到了生活的真谛、世界的本质，他们了解了绝大多数人在道德和思想方面的悲惨、可怜的本质。所以，他们再也不想和那些人接触了，他们甚至希望和一头猪、一只苍蝇一起生活。也如伏尔泰所说的那样："在这世上，不值得我们与之交谈的人比比皆是。"人文主义之父彼特拉克就对孤独有一种永恒不变的爱。他说："我一直在寻求孤独的生活河流、田野和森林，可以告诉你们，我在逃避那些渺小、浑噩的灵魂，我不可以透过他们找到那条光明之路。"同样，布鲁诺也说道："在这世上，那些想过神圣生活的人，都异口同声地说过：噢，那我就要到远方去，到野外居住。"波斯诗人萨迪说："从此以后，我们告别了人群，选择了独处之路，因为安全属于独处的人。"他描述自己说："我厌恶我的那些大马士革的朋友，我在耶路撒冷附近的沙漠隐居，寻求与动物为伴。"一个人的高贵本性就是无法从与别人的交往之中得到乐趣，他宁愿一个人孤独，也不想和任何人在一起，甚至他们也讨厌自己竟然也是一个人，也和其他人是同类。他们恨不得也要脱去人皮，自己一个人和那些野兽一起奔跑，也不想和人在一起。安吉奴斯也不得不这样说："孤独是困苦的，但可不要变得庸俗；因为这样，你就会发现到处都是一片沙漠。"

具有伟大心灵的人都是人类的真正导师，他们不喜欢与别人同流合污，就如同一个有智慧的贤者不想和无知的孩子一起喊叫、乱跑、发疯一样。他们来到此世的目的就是引导人类跨越谬误的海洋，走进真理的福地。他们把人类从粗野和庸俗的黑暗深渊中拉上来，把他们提升到智慧和道德的殿堂，让他们享受独处带来的安详与快乐。

智者与大众既有身体上的分离也有精神上的分离，他们不是泛泛平庸之辈。即使他们生活在世俗之中，和别人一样该去做什么就去做什么，但是他们渐渐地了知到自己根本就不曾真正地属于这些俗人，从早年起他们就已经感觉到自己与别人的不同，但只是随着时间的流逝他们才知道了自己的处境。所以他们和那些俗人越走越远，最终背道而驰，选择独居。

孤独的人注定了一生不被认知的悲惨命运，但是他们也知道因为自己是一个精神卓越之士，是无论如何也不会被社会所接受和容忍的。

老年人是一套哲学，他们履历的世事沧桑让他们更透彻地看清了这个世界。无数以前还是云山雾罩的东西，现在都被他们看得清晰明白，他们不再受到生活中惯常幻象的迷惑。青年时，他们鹤立鸡群、形单影只，而到老年之后，他们却可以安然地享受独处了。精神卓越的人可以最大程度地享受老年的时光。世俗的一切已经要离他们而去，他们要心灵的一份宁静和安详，要在自己的内心重获幸福和快乐的源泉。

也许独处的人会遇到许多的麻烦，他们无法与人沟通，他们也无法自理生活，但是如果把他们的这些缺点和那些平庸的众人相比的话，那些缺点只能是微不足道的。他们的内心是快乐的，那么就不会太注重生活物质上的贫乏和不足，也就不会为那些俗事所累了。

叔本华还告诫青年人，要让青年人养成孤独的习惯，把一部分的孤独带入社会人群中去，在社会人群中保持一定程度的孤独，和世人保持一定的距离。那样即使生活在所有人之中，但他会感到自己不是当中的一分子。

叔本华的思想虽然是一种悲观主义，但是这种悲观的思想还影响了不少的人。他的形而上学，他的美学都影响了历史上的一批作家和思想家，具有超人意识的尼采、特立独行的萨特都是他的追随者，心理学家弗洛伊德、作家托尔斯泰、莫泊桑、诗人博尔赫斯、科学家爱因斯坦、达尔文无不受到他的影响，无不在他的学说中找到了启发。

叔本华的哲学著作是一种诗性的哲学，他的哲学并不像培根、尼采、罗素的学说那样晦涩难懂，他的学说读起来很容易被人理解，所以就多次被人引用。他的文才虽然并不是很好，但是他文笔流畅、思路清晰，那种对哲人的孤独和无限的神往都能深深地感染读者。

第十七章

车尔尼雪夫斯基的《艺术与现实的美学关系》

要使人成为真正有教养的人，必须具备三个品质：渊博的知识、思维的习惯和高尚的情操。知识不多就是愚昧；不习惯于思维，就是粗鲁或蠢笨；没有高尚的情操，就是卑俗。（车尔尼雪夫斯基）

第一节
“为真理呼号奔走”的车尔尼雪夫斯基

人的事业如果没有崇高思想的鼓舞，就会是无效果的、渺小的。(车尔尼雪夫斯基)

车尔尼雪夫斯基一生为真理而奔走呼号，他是一个战斗者、文学家、思想家和哲学家。他的家乡在美丽的伏尔加河上的萨拉托夫城。他父亲很有学问，做了一个牧师，当然家里也就收藏了不少的图书。车尔尼雪夫斯基自幼就喜欢诗歌，俄国的普希金、莱蒙托夫都是他崇拜的偶像，在小说上，他也表现出了极大的兴趣。他喜欢狄更斯和乔治桑。

车尔尼雪夫斯基天资聪慧，加之又勤奋刻苦。他最终考上了一所好的大学，继续深造。有一次写作文，他很快就另辟蹊径写出了一篇独到的文章。他甚至有一次在厨房里读小说，为小说中的主人公哭泣。他说：“知识就像一座有无数宝藏的大山，越往深处发掘，越能得到更多的东西。尤其是青少年，更应该在知识的园地里不屈不挠地耕耘。”

当他16岁的时候，就已经博学多才，通晓七国语言，他的勤奋和对读书的酷爱，在同学和老师的眼里就是一个“伏尔加河边的读书迷”。也许这就是车尔尼雪夫斯基最终成名的原因所在吧！文章写成之后，学生们就争相传阅，这像在他的心灵里，点燃了更旺盛的求知之火。16岁时，车尔尼雪夫斯基已经通晓七种外国语，大量阅读了俄国民主主义者别林斯基和赫尔岑的文章。第二年，他中学毕业后，又考入彼得堡大学文史系。

在大学读书的几年中，车尔尼雪夫斯基更加勤奋，读书常常是通宵达旦，被老师和同学戏谑地称为“伏尔加河边的读书迷”，名不虚传，这也就是他最终能成为著名文学家的根本原因。

然而，一个文学家、思想家的命运并不是一帆风顺的，这对于车尔尼雪夫斯基来说也是如此。他曾经遭到沙皇政府的拘留，被判处 7 年的苦役徒刑。还被终身流放。

命运悲惨的车尔尼雪夫斯基前后共被流放了 21 年，他的哲学理论就是这一期间形成的。

第二节 车尔尼雪夫斯基的现实主义思想

爱一个人意味着什么呢？这意味着为他的幸福而高兴，为使他能够更幸福而去做需要做的一切，并从这当中得到快乐。（车尔尼雪夫斯基）

车尔尼雪夫斯基深受别林斯基、赫尔岑和费尔巴哈思想的影响，尤其是受费尔巴哈思想的影响，直到老年甚至他还称自己是费尔巴哈的信徒。费尔巴哈的思想是唯物主义思想，反对唯心主义和二元论思想。当然车尔尼雪夫斯基的思想也是如出一辙。他运用费尔巴哈的观点来解决思维与存在、精神与物质的关系。车尔尼雪夫斯基认为，世界是统一的，而且世界也是物质的，“凡是存在的东西都是物质”。他说，物质统一于自然界一切的事物和现象，自然界的事物和现象之间的相同性也就是物质。既然立于唯物主义的立场之上，车尔尼雪夫斯基当然不会认同唯心主义的说教了。他不承认有任何不依赖于物质的“精神实体”的存在。他把哲学当成一种通过实验可以论证的经验学说，就如同我们用标尺和秤可以测量物质实体的大小和重量一样。他不相信有独立于物质之上的存在。虽然人也是有意识、有思想的存在，但是他不去研究这些东西。他所要指出的就是，生理学可以证明出人的存在不是靠思想和道德层面上的超越，而是人的思想和道德也可以通过生理解剖和人体的研究得出结论。他把抽象的思想实质淡化为人体的机构统一。他说，一个人所发生的一切和所做的一切都是从本性之中统一出来的。他认为，用医学、生理学、化学所能看到的人和用哲学所看到的人都是一样的。也就是基于这样的观点，他提出了“哲学中的人本主义原理”。虽然他的这种学说作为对抗唯心主义和二元论起到了一定的作用，但是他的研究是狭隘的，他在人的意识上根本就没有做出什么研究。列宁就这样指出，费尔巴哈和车尔尼雪夫斯基所宣扬的“人本主义原理”是狭隘的，只是关于唯物主义的不确切的肤浅的表述。

车尔尼雪夫斯基站在唯物主义立场之上，他还批判了康德的思想观点。他认为康德的不可知论和主观主义都是错误的。他说，世界是可以被认识的，人类具有能够认识世界的能力，随着科学的发展和人类文明的进步，人类足可以探索出更多的未知的东西。人们可以通过实践验证真理的可靠性和确切性。实践能够消除一切争论和评判直接得出真理。

在对康德等人在主观主义的批判上，他认为人虽然具有主观的认识和思维规律，但是人的认识和思维规律并不是完全都是主观的。他说，自然界是客观的，自然的规律具有因果性和必然性。人的认识就是对自然界一切事物的反映。他批判地吸收了黑格尔的思想，但并没有像费尔巴哈那样抛弃黑格尔的辩证法。车尔尼雪夫斯基也同样认为黑格尔的原则宽广而有力，但结论狭窄而渺小。他是这样来理解辩证法的，他认为要想认识到真理，就要从观察对象的各个方面，从对立的各种意见之中去寻索，这样才能探索到真理。他对真理的理解不像黑格尔和康德那样说得是如此的抽象费解。他觉得真理都是具体的，没有抽象的真理。这样一来以前那些哲学家所研究的绝对的、永恒的、不变的真理就成了他眼下的分散的，各自的实用的和具体的道理了。他完全把绝对恒一的真理看成了从考察某一个具体的事物后得出的经验和理论。他把真理从天上放到了脚下。如果沿着他的这种观点继续走下去，那就是从各个事物之中将会得出许多真理，而事物千变万化，那么真理也到处都是，但又各个不同。车尔尼雪夫斯基自己堵住了自己的嘴，他没有想到自己走的这条路前面就是悬崖，根本就走不通。他在还没有对人类一切的哲学和真理进行研究和探索，就凭着自己的认识和经验妄断结论。他既否认了历史的真实，也否认了真理的真实，在否认真理的前提下去证明真理，那简直是缘木求鱼，作茧自缚。他终于使自己和真理背道而驰，也和自己矛盾丛生。

第三节
艺术与现实的美学关系

美是生活。(车尔尼雪夫斯基)

在美学上，车尔尼雪夫斯基更是将自己陷入泥潭，他否定了黑格尔的“美是理念”的观点，并提出了“美是生活”的重要命题。他认为“任何事物，在那里面看得见依照人们的理解应当如此的生活，那就是美的；任何东西，凡是显示出生活或使我们想起生活的，那就是美的”。我们都通常认为，艺术源于生活但又高于生活，而真正的人类艺术又是自然的一个模板和反映。车尔尼雪夫斯基却坚持说，现实生活高于艺术，艺术就是为了再现和反映生活的。艺术反映和再现生活是不可否认的，但是就现实生活高于艺术而言，估计很少有人认同。生活是多方面的，是复杂的、纷乱的、瞬息万变的，而且时时都在进行着，没有一个人能指明它的一端，也没有一个人能明其一旨。而艺术却是高超的、微妙的，是单纯的、至上的精神享受，生活与艺术截然不同，不可同日而语。我们很为车尔尼雪夫斯基感到悲哀。

在伦理学上，他的哲学观点似乎有了一点亮色。他不知是什么原因竟然也能够和其他的那些大哲学家一样认识到，人性本无善恶，善恶只是人在不同的环境下的一种反映，人性本初是一片祥和、安然、清凉和自在。人的本性是纯洁的，没有善恶之分，在善恶还没有分开之时，那就是本性和人性也是神性的一部分。然而，很可惜的是，车尔尼雪夫斯基并没有深入挖掘人性的本源和对真理的探索，而是去陶醉于对旁枝末节的研究。他说人因环境的不同会变得善或变得恶，而人会变善或者变恶的动机就是人为了利益。人是很自私的，怎样才能得到更大的利益，怎样才能使自己更满意，他把人的这种动机的做法称之为“合理利己主义”，人是自私的，有其合理的一面，人懂得如何去处理好个人的利益和集体、整体的利益，那么他就是合理利己主义者。

车尔尼雪夫斯基的美学观点“美是生活”有三个命题，其一是，“美是生活”；其二是，“任何事物，凡是我们在那里面看得见依照我们的理解应当如此的生活，那就是美的”；其三是，“任何东西，凡是显示出生活使我们想起生活，那就是美的”。车尔尼雪夫斯基用美感的经验从现实出发对现实生活中的事物作了深入的分析和研究，就这样他把美建立在活生生的生活基石之上。可是，他却片面地从生物学来看待生活，当然也就从生物学之中了解了美，这样就使美失去了核心和意义。

在艺术美和现实美的关系上，他片面地强调现实美而贬低艺术美。他认为艺术美是僵硬的，而现实美却能完全令人满意，那些艺术品都带上了艺术家个人的色彩和反映了他生活的时代背景，所以，他感觉艺术美有局限，总不如生活美更好一些。他没有吸收到艺术模仿自然的思想，也忽略了艺术美生于生活而高于生活这个看法。但是，他的美学思想还是对俄国和世界文学艺术及美学的发展有着深远的影响。

在黑格尔哲学中，美的概念是这样发展起来的：

宇宙生活是绝对观念体现的过程。只有在其整个空间和其存在的全部时间内的宇宙才是绝对观念的完全体现；而在为空间时间所限制的某一事物中绝对观念是绝不能完全体现出来的。绝对观念体现后就分解为各个特定观念的链条；而每一个特定的观念也同样只有在它所包罗的无限众多的事物或实体中才能完全体现，但绝不能在某一个别实体中完全体现出来。

但是，一切精神活动领域都受从直接上升到间接这条规律的支配。由于这条规律，那只有经过思维才能完全理解的观念，起初是以直接的形式或一种印象的形式出现于心中，所以在一般人心目中，为空间时间所限制的个别事物完全吻合于它的概念，似乎某一特定的观念完全体现在这个事物上，而一般的观念又完全体现在这特定的观念上。对事物的这种看法是一种假象，因为一个观念决不会完全显现在个别事物上；但是在这个假象下面却包含着真实，因为在某种程度上说，一般的观念确实体现在特定的观念上，而这特定的观念又在某种程度上体现在个别的事物上。这个以为观念完全显现在个别事物上的、本身包含着真实的假象，就是美。

黑格尔就为美下了定义：美是在有限的显现形式中的观念，美就是观念与形象之完全的吻合，完全的一致。车尔尼雪夫斯基和这种观点完全相抵触。

他认为，哲学思想在美学的认识之中越高，也就越会使美变得苍白无力。思想可以自圆其说，但是美的理念却经受不住批评。他指出“一件事物如果能够完全表现出该事物的观念来，它就是美的”，也就是说，“凡是出类拔萃的东西，在同类中无与伦比的东西，就是美的”。一件东西也只有比其他事物表现得出众的时候，它才能彰显出自己的美。譬如，玫瑰花是美的，也只有娇艳欲滴、芳香四溢的玫瑰花才是美的。总之，他觉得一切美的东西都是出类拔萃的，但并不是所有出类拔萃的东西都是美。并不是每一件出类拔萃的东西都是美，也因为并不是一切出类拔萃的那些种类都美。

“任何东西，凡是完全体现了那一种类的观念的，就显得美”，这句话的意思也就是说，“美的事物一定要包含在所有同类事物中堪称为好的东西；在同类事物中所能找到的任何好的东西，没有不包含在美的事物中的。”然而，在人身上，即使这种美更加彰显，我们也不能设想人类美的一切都会在一个人身上显现。从而可知，黑格尔的定义是不正确的。

车尔尼雪夫斯基认为，只有那些被艺术家传达了所要传达的一切时，他的艺术品才是真正的美。在《艺术与现实的美学关系》之中，他写道：

美的事物在人心中所唤起的感觉，是类似我们当着亲爱的人面前时洋溢于我们心中的那种愉悦。我们无私地爱美，我们欣赏它，喜欢它，如同喜欢我们亲爱的人一样。

由此可知，美包含着一种可爱的、为我们的心所宝贵的东西。但是这个“东西”一定是一个无所不包、能够采取最多种多样形式、最富于一般性的东西；因为只有最多种多样的对象，彼此毫不相似的事物，我们才会觉得是美的。

在人觉得可爱的一切东西中最有一般性的，他觉得世界上最可爱的，就是生活；首先是他所愿意过、他所喜欢的那种生活；其次是任何一种生活，因为活着到底比不活好：但凡活的东西在本性上就恐惧死亡，恐惧不存在，而爱生活。所以，这样一个定义：“美是生活”，“任何事物，凡是我们在那里面看得见依照我们的理解就当如此的生活，那就是美的；任何东西，凡是显示出生活或使我们想起生活的，那就是美的”，这个定义，似乎可以圆满地说明在我们内心唤起美的情感的一切事例。为要证实这点，我们就来探究一下在现实的各个领域内美的主要表现吧。

美是生活，是使我们想起人以及人类生活的那种生活，这是车尔尼雪夫斯基的观点，他认为这个观点是不需要证明的，因为他说，自然的美很容易让我们想起人自身，自然的美也只有作为对人的一种暗示才有美的意义。所以，他又说到，人身上的美就是生活。他觉得大地上的美的东西总是与人生的幸福和欢乐相连的。他比较了自己的“美是生活”和“美是观念与形象的完全一致”两个概念，得出黑格尔把美定义为观念在个别事物上的显现，就是说，“在现实中美只是我们的想象所加于现实的一种幻象”，这样就推出：“美实际上是我们的想象的创造物，在现实中没有真正的美”。再从“自然中没有真正的美”可以推出：“艺术的根源在于人们填补客观现实中美的缺欠这个意图‘以及’艺术所创造的美高于客观现实中的美”。如果从“美是生活”来论证，那么真正的最高的美就是人在现实世界中所遇到的美，而不是艺术所创造的美。

所以，车尔尼雪夫斯基的美的思想观点是很独到的，也是很新奇的。从“美是生活”我们可以明白为什么美的领域不包含抽象的思想，而只有个别的事物——因为活生生的生活之中，我们也只能看到个别的、具体的事物，看不到抽象的和一般的思想。任何东西，只要是我们所追求和希望的、我们所欢喜的那种生活的，它就是美。

别林斯基和赫尔岑的思想继承者就是车尔尼雪夫斯基，因此他的思想与别林斯基和赫尔岑的思想是一脉相承的，与此同时，他还受到了费尔巴哈的深刻影响。所以他就是别林斯基、赫尔岑和费尔巴哈的集成者。尤其是费尔巴哈对他的思想形成，影响得也最为深远。当车尔尼雪夫斯基在晚年的时候，他依旧在说，他仍然是费尔巴哈的忠实信徒。他认为，世界是统一的，“凡是存在的东西都是物质”；自然界的本质就是物质的，整个世界都是由物质构成。他通过生物学的实验论证证明人只有一个统一的本性，他还指出了人的道德与物质身体是并不相违背的。他通过自己对医学、生理学、化学等领域学科的知识研究，得出了“哲学中的人本主义原理”。他的学说曾对驳斥唯心主义和二元论起到一定的作用。但是他的学说仍然有着部分的缺陷。列宁指出，费尔巴哈和车尔尼雪夫斯基所宣扬的“人本主义原理”是狭隘的，只是关于唯物主义的不确切的肤浅的表述。

第十八章

尼采的《查拉图斯特拉如是说》

尼采的哲学傲视一切，批判一切，气势汹汹。他在自己的哲学里极度扩张欲望和意志，他的哲学也因此被称为“行动哲学”，他的哲学不像传统哲学那样，规规矩矩，他的哲学不成系统，没有推论，没有体系，也没有理性，完全是诗意的澎湃和激情的豪爽，是他自己一喷而出的狂言。

尼采已经远去了，无法被人理解最终被折磨成精神病的他，万万没有想到他的哲学将会一并被人吸收，并成为人类哲学史上群星闪耀的亮光。

他认为哲学就是他的一切，生活就是在进行哲学思索，而哲学思索就是生活。他运用自己对人生痛苦与欢乐的直接感悟，写出了奇特迥异的哲学。在资本主义社会里，人们的物质财富增多了，但是失去了真正的自由和幸福。人的个性被磨灭，思想创造的激情和文化热爱的冲动泯灭了。人性被异化了，人的生命本能被萎缩了。人们的精神开始迷茫和迷失，人不知道何去何从。人们依旧信仰上帝，崇拜上帝，让上帝给予他们安慰和自省。

面对着现代文化的弊病，尼采认识到了这一切，所以，他开始大声疾呼——“上帝死了”。他在自己的作品中，指出上帝该杀，是他杀死了上帝。如果不杀死上帝，基督教还会约束人的心灵，使人没有自由和幸福。其实，基督教的衰落在历史上来看是必然的，从中世纪开始基督教就成了压迫和奴役人性，桎梏和禁锢人性的工具，已经失去了它内在的道德标准，已经完全背离了上帝的宗旨。

第一节
“思想狂人”尼采

千万不要忘记，我们飞行得越高，我们在那些不能飞行的人眼中的形象越是渺小！（尼采）

尼采和普鲁士国王在同一天生，他曾回忆说：“无论如何，我选在这一天出生，有一个很大的好处，在整个童年时期，我的生日就是举国欢庆的日子。”尼采天生独具异质，与平常的儿童截然不同，他在两岁半才会说一句话，即使会说话之后，也总是保持沉默。

他的童年是悲哀的也是幸福的，是备受束缚的也是备受关爱的。尼采5岁的时候，他的父亲就已经死去，而且年仅2岁的弟弟也在几个月后不幸夭折。幼小的尼采比别人更早地经受了人生的悲哀和死亡的痛苦。这使本来沉默寡言的他更沉默了，也养成了他孤僻内敛的性格，甚至他自己就这样说：“在我早年的生涯里，我已经见过许多悲痛和苦难，所以全然不像孩子那样天真烂漫、无忧无虑……从童年起，我就寻求孤独，喜欢躲在无人打扰的地方。这往往是在大自然的自由殿堂里，我在那里找到了真实的快乐。”

父亲去世之后，尼采就完全生长在一个被女性包围了的圈子里，女人们把他娇惯得既脆弱又敏感。他深深地感受到了死亡的无常。他曾经这样形容自己的童年：“那一切本属于其他孩子童年的阳光并不能照在我身上，我已经过早地学会成熟地思考。”

他上学之后，渐渐地感觉到与那些同学格格不入，好像自己和他们不是同类一样。于是，他变得更孤僻和沉默了，他经常一个人，不玩耍，也不接近陌生人，而是把自己的精力和时间都寄托在了文学与音乐上。音乐与诗歌也随之成为了他感情生活的寄托，他在孤独中品味着孤独，在音乐和诗歌之中品味着智慧的卓绝与超然，他的理智也随之以惊人的速度发展着。

当他进入大学之后，他就更感觉到孤独了，因为他发现这个世界不是他所想象的那样，他仅仅属于这个世界，而这个世界根本就不属于他。那些同学不是倒向康德、黑格尔的唯心主义派别，就是倒向福格特、比希纳的唯物主义派别，而自己却独身无依。他是一个激情澎湃的诗人，他需要的是激情、超常的东西和那些神秘的东西。他喜欢希腊神话，也喜欢希腊诗人。他精通德国的民族文化，在古文字、文学、古典主义艺术上都有很深的造诣。

他对音乐情有独钟，喜爱巴赫、贝多芬等大音乐家，也崇拜他曾在《悲剧的诞生》中描述过的那位歌剧巨人——瓦格纳。

偶然的一次机会，开启了他哲学人生的航程。他在一个小旧书摊上买了叔本华写的《作为意志和表象的世界》一书。得到这本书之后，他几乎像发疯似的，热情洋溢，把自己完全沉浸在其中，忘了一切。欣喜若狂的尼采每天早起晚睡、孜孜不倦，他用了最短的时间读完了这本书。他感觉到叔本华的这本书就如同是上帝降临一样，充满了他的整个生命。这本书把他从孤立无援的痛苦绝望之中拯救了出来，映现了他的世界、人生和他的心境。

尼采似乎感觉到叔本华的这本书是为他自己写的一样，但是他又为这本书感到困惑，他自己思忖着：为何像叔本华那样的天才会被现世所抛弃，其伟大的著作为何只在书架的偏僻角落才找得到呢……

不久，当尼采参加军队在骑马时不幸负伤中还低呼着："叔本华保佑!"叔本华成了他心目中的上帝。

后来，尼采与令他仰慕的音乐大师瓦格纳会面了，他找到了人生的知音。随后的几年之中，他在瓦格纳那里受益匪浅，并被自己的导师李契尔推荐给巴塞尔大学："39 年来，我亲眼目睹了这么多的年轻人成长起来，但我还从未见到有一个年轻人像这位尼采一样如此早熟，而且这样年轻就已经如此成熟……如果上帝保佑他长寿，我可预言他将来会成为第一流的德国语言学家。他今年 24 岁，体格健壮，精力充沛，身体健康，身心都很顽强……他是莱比锡这里整个青年语言学家圈子里的宠儿……您会说，我这是在描述某种奇迹，是的，他就是个奇迹，同时既可爱又谦虚。"李契尔第一个预言了尼采是一位天才。

在巴塞尔，尼采当上了教授，也结识了许多名人，并多次上台演讲。一时之间，他成了巴塞尔学术界的精英和当地上流社会的新宠。

1870 年，又一个他生命之中的机遇降临，又一个他生命之中的转折开始。当他看到雄赳赳气昂昂的骑兵穿城而过时，顿时就被一种涌入潮水般的灵感震惊了："我第一次感到，至强至高的'生命意志'决不表现在悲惨的生存斗争中，而是表现于一种'战斗意志'，一种'强力意志'，一种'超强力意志'!"

超人的灵感和惊异使他辞去了巴塞尔大学的教职，开始了十年的漫游生涯。在他去往罗马旅行的途中，他邂逅了聪明美丽的俄国少女莎乐美。一个哲人的疯子尼采就不可救药地爱上了莎乐美。在途中，尼采向这个美丽的少女滔滔不绝地叙述往事，回忆童年，讲授哲学。但是他始终都没有向这个姑娘吐露心曲。莎乐美也渐渐地为尼采的个人风采所倾倒。为了能够尽快俘获芳心，尼采就让好友雷埃代自己向莎乐美求婚。殊不知雷埃也被莎乐美弄得魂不守舍，但是莎乐美却没有答应任何一个人。

从此之后，沉默的尼采一直到老年都和爱情无缘。在晚年，尼采这位孤独的旅人在都灵大街上抱住一匹马，失去了理智。他就这样在无法被人理解的现实之中送进了精神病院。虽然后来在他母亲去世之后，他迁居到妹妹的家中，但是尼采这位伟人的哲学天才最终还是被时代扼杀。1900 年，生不逢时的思想大师尼采在魏玛与世长辞。

第二节 尼采的《查拉图斯特拉如是说》

你今天是一个孤独的怪人，你离群索居，总有一天，你会成为一个民族。（尼采）

在《悲剧的诞生》之中，尼采描述了在苏格拉底之后阿波罗派的思想，并指出了他们的思想是如何支配着西方文明的。尼采还提出了德国浪漫主义，尤其是以瓦格纳为代表的浪漫主义作为复兴戴奥尼索斯派的可能来挽救欧洲的文化。不过，后来此书在受到学者攻击之后，尼采也称其为“一本难以忍受的书……写得很糟糕、沉闷、让人难堪、疯狂。”《人性，太人性的》是尼采用数百条格言汇编而成，有的一句话带过，有的就长篇累牍。在此书中，他抛弃了瓦格纳对他的影响。他很少对假设进行解释，而是论证和揭发错误的假设。而在《善恶的彼岸》这本书里，尼采质疑了传统哲学上的重要假设，并对这些概念作出了批评。尼采在这本书中，发出了生命的真言。对于生命而言，尼采第一次提出了“生命是超越于善与恶”的观点。他否定了人世上存在着一套普世的道德，认识到了绝对真理的存在。他以自己的悟性和天才的灵感认识到了真理。应该说也只有像这样的疯子哲人才会有的，也只有疯子哲人能认识到的真理吧！

在《偶像的黄昏》一书里，尼采批评了许多哲学家。甚至对伟大的哲学家苏格拉底，他也发表了自己的观点，他认为没有人能够估算生命的价值究竟是什么。他还觉得自苏格拉底之后的哲学都是

"堕落的"。许多哲学家们都想用辩证法来证明自己的观点，这样一来，那些传统思想之中的精华就被泯灭了；尼采在《反基督：对基督教的诅咒》中强烈攻击基督徒，他用讽刺的格调讥讽了基督徒的虚伪、腐败，表达了自己对基督教的恶心与痛恨。尼采为了改造未来，就提出了一套"反基督"的新道德，要求重新评价一切的价值。人们也就是根据他写的这本书，称他是反基督的狂热分子。

尼采的哲学傲视一切，批判一切，气势汹汹。他在自己的哲学里极度扩张欲望和意志，他的哲学也因此被称为"行动哲学"。他的哲学不像传统哲学那样，规规矩矩，他的哲学不成系统，没有推论，没有体系，也没有理性，完全是诗意的澎湃和激情的豪爽，是他自己一喷而出的狂言。但是也正因为他的这种狂人哲学，深受人们的厚爱，也使人们对他的哲学情有独钟。在以后的哲学历程中，有的学者吸收了他的哲学思想；有的学者则继承了他的哲学风格；有的学者甚至把他的消极倾向作为精神支柱。

尼采已经远去了，无法被人理解最终被折磨成精神病的他，万万没有想到他的哲学将会一并被人吸收，并成为人类哲学史上群星闪耀的亮光。

他认为哲学就是他的一切，生活就是在进行哲学思索，而哲学思索就是生活。他运用自己对人生痛苦与欢乐的直接感悟，写出了奇特迥异的哲学。在资本主义社会里，人们的物质财富增多了，但是失去了真正的自由和幸福。人的个性被磨灭，思想创造的激情和文化热爱的冲动泯灭了。人性被异化了，人的生命本能被萎缩了。面对着现代文化的弊病，尼采说，要想改变这种文明的病态，就必须要复归人的本性，赋予人生新的意义和理念，让人有一个新的灵魂。

但是，两千年来人们一直受到基督教的熏陶和压制，基督的文化和思想早已经深深地扎进了人的灵魂。人们无论怎样变革都无法剔除基督文化的影响，它如同一个阴影始终缠绕着人们的心灵。人是上帝的附属，人没有自己的思想和自由，人的自由就是皈依上帝，服从上帝，人的价值也就是体现上帝信仰和歌颂上帝。启蒙运动把人们从基督教的桎梏之中拉了出来，但是，人们没有了基督信仰，内心就空虚了，没有寄托了。人的精神开始迷茫和迷失，人不知道何去何从。人们依旧信仰上帝，崇拜上帝，让上帝给予他们安慰和自省。尼采认识到了这一切，所以，他开始大声疾呼——“上帝死了”。他在自己的作品中，指出上帝该杀，是他杀死了上帝。如果不杀死上帝，基督教还会约束人的心灵，使人没有自由和幸福。其实，基督教的衰落在历史上来看是必然的，从中世纪开始基督教就成了压迫和奴役人性，桎梏和禁锢人性的工具，已经失去了它内在的道德标准，已经完全背离了上帝的宗旨。

尼采认为，在上帝被杀死的世界上，人们虽然有了内心的自由，但是必须建立起新的信仰，必须要改成以人的意志为中心的价值观，掩埋传统的道德。所以，尼采猛烈地批判基督教的道德和基督教所崇尚的美德，并自称是非道德主义者和反基督徒。

为了能够重新评价世界观，尼采还对理性主义者进行了批判。他说，过去的那些哲学家都没有历史的概念。他们把流动的僵固化，把一切有生命的都变成了木乃伊。这些哲学家扼杀了活生生的现实，把生命的存在都死死地框架了起来。世界本来就是一个动荡不定、无法捉摸的世界，世界都在变，万事万物也在变。理性的哲学家“拒绝感官的证据”，把真正的世界和假象的世界弄颠倒了。他们不相信感性，认为感性是不可靠的，不真实的，他们还不承认生命的进化和演变。他们时时用理性来教导人们。而人是有感情的，人也是有感性的，人用理性来压制自己的感性，最终不但没有得到自由和幸福，反而造成了心灵的痛苦和无奈。

尼采将生命意志置于理性之上，建立了新的哲学。他用强力意志取代了上帝的地位和传统形而上学的地位。他肯定生命的价值，肯定人生的意义，并说强力意志是自发的一种本能，是非理性的力量。强力意志决定着生命的本质，决定着人生的意义。源于生命，归于生命的东西就是强力意志，强力意志是现实人生的支柱。它能使人成为精神上的强者。

除此之外，尼采还提出他著名的超人哲学，超人就是人生的最高理想，它是人生理想的象征。超人就是改善后的人，就是造就的新人。超人是人的自我超越，是一个虚幻的形象。超人豪气奔放，一如大地、海洋和闪电那样。尼采就是这样用哲学来关注人生。他觉得解决人性的困惑，把人从文化桎梏中拯救出来本身就是哲学的使命。哲学就是要给生命一种合理的解释，给生命定下意义。尼采认为哲学不是纯学术，哲学是用来拯救人类的。哲学是用来赋予人生的价值和意义的东西。

尼采在《查拉图斯特拉如是说》中首次提出了著名的“超人”理想和“末人”形象，阐述了一种著名的思想，而这一思想便是“同一性的永恒轮回”。他曾评价自己这部著作：

在我的著作中，《查拉图斯特拉如是说》占有特殊的地位。它是我给予人类的前所未有的最伟大的馈赠。这部著作发出的声音将响彻千年，因此它不仅是书中的至尊，真正散发高山气息的书——人的全部事实都处在它之下，离它无限遥远——而且也是最深刻的书，它来自真理核心财富的深处，是取之不尽用之不竭的泉水，放下去的每个吊桶无不满载金银珠宝而归。这里，没有任何“先知”的预言，没有任何被称之为可怕的疾病与强力意志混合物的所谓教主在布道，从不要无故伤害自身智慧的角度着眼，人们一定会首先聆听出自查拉图斯特拉之口的这种平静的声音的。“最平静的话语乃是狂飙的先声；悄然而至的思想会左右世界。”

《查拉图斯特拉如是说》包括了尼采几乎全部的思想，它以振聋发聩的奇异灼见和横空出世的警世妙语道出了“超人哲学”与“权力意志”的人生哲学，为人们指引了方向，解脱了整个基督教所造成的精神奴性的桎梏，为人性的自由铺平了道路。

《查拉图斯特拉如是说》是“一部充满青年人的勇气和青年人

的忧伤的青年之作"，它充满了心理学的创见和艺术的奥秘。尼采也曾说这本书是为艺术家而写的，是为那些既有分析能力又有反省能力的艺术家而写，是读者理解尼采的开始，也是尼采一鸣惊人的创世之举。尼采在这本书中熔酒神的狂醉与日神的清醒于一炉，合超人的思想和查拉图斯特拉的启示为一体，在世界哲学史和诗歌史上具有独特而卓绝的地位。

虽然这部书绝顶怪异，在起初不被传统容纳，但是，尼采却认为他的这部著作可以与莎士比亚的"诗作"媲美，还可以与《圣经》的"第五福音书"齐名。

尼采是一个天才哲学家，他一生成就卓著，思想超绝。他曾把自己浪迹天涯时写下的箴言、警句和词条都汇集起来，组成了《善恶的彼岸》和《道德的系谱》两个集子。在他发疯的前夜还一气呵成地写下了《瓦格纳事件》、《偶像的黄昏》、《反基督徒》、《看那这人》、《尼采反驳瓦格纳》等标新立异、具有深度的书。

他的《悲剧的诞生》充满了浪漫色彩和美妙的想象力，是一部杰出的艺术著作，并蕴含着很深的人生哲理。尼采探索了生命的意义，并呼吁用艺术来拯救人生。他的《论历史对于生命的利弊》，指出生命患上了重病，而这解释因为是历史造成的，他呼吁解救生命。在《作为教育家的叔本华》之中，尼采抨击那些把哲学脱离人生的学者，要求每一个人都应当真诚地探索人生；在《瓦格纳在拜洛伊特》一书中，尼采批判了现代艺术，也批判了瓦格纳的艺术。

尼采在困顿与孤独之中走完了他的一生，他的人生是悲惨的，没有几个人能够真正地了解他。他是一个孤独的旅人，一个世界的哲学天才，正如他所说，他的作品将一直影响人类千年的历史。

他的著作才气横溢、光彩夺目、豪气冲天。他以非凡的勇气和惊人的洞察力一反常态，如疯如狂地奚落了一切美德，赞扬了所有的邪恶。他用散文、格言和警句串连出来的哲学珍珠，先给了人类一种超人的哲学思想。他用哲学预言、神奇的想象力和启示来征服世界，而不是像其他的哲学家那样用逻辑和论证。他的哲学是一种新的信仰、新的希望、新的宗教，是现代思想的一座巍然耸立的里程碑。在他去世之后的一个世纪中，他的思想深深地影响了如雅斯贝尔斯、海德格尔、里尔克、赫塞、托马斯·曼、斯蒂芬·乔治、萧伯纳、纪德、萨特和马尔卢等等著名的思想家。

尼采反对哲学形而上学，批判理性思辨体系，把自然界看成为唯一的真实世界。他开辟了古典语言学的崭新时代，开创了人类思想史的新纪元，他的哲学引起了亿万人心灵的无限共鸣。在周国平的《尼采：在世纪的转折点上》一书中，就指出了尼采的伟大，并第一次把一个面目狰狞的政治狂人还原成了一个真诚思考人生的独具超人异质的哲学家。

第十九章

罗素的幸福之路

布道书上说道，一切都是虚空，克鲁奇先生也说，太阳底下没有新的事物。这些言论的本身就是真理，又何需再去多言呢？一切过去发生的事情，现在也在发生，一切现在发生的事情，将来还会发生。所有新奇的事物无非是旧事物的原型和改造。世界没有变，一切的一切依然没有变。世界的本质才是一个人去研究和观察的东西，只要本质没有改变，什么都不会改变。世界上的事物千变万化，千姿百态，各具特色，没有人能穷其一旨，明其一端。要是以事物外在形态的变化去衡量世界的变化与否，那么一个人穷其一生都研究不完。宇宙是无穷的，事物也是无穷的，宇宙是永恒不变的，同样事物的本性也是永恒不变的，变的只是状态，而不变的都是内在和灵魂。所以，所谓的幸福也就是没有幸福。一个人只有在他不去寻求幸福，渴求幸福，内心一片祥和与宁静的时候，他才是最幸福的人。

第一节
“一生致力和平”的罗素

不要为自己持独特看法而感到害怕，因为我们现在所接受的常识都曾是独特看法。（罗素）

罗素的出身很好，是一个贵族子弟，然而他的命运却没有那么好，童年是在孤独之中度过的。他4岁的时候，父母就都离他而去。罗素的童年是在祖母的抚养之下长大的。祖母对他疼爱有加，对他的要求也很严格，因此祖母就没有让罗素和那些贵族子弟一样去上公学，而是在家里给他雇了家庭教师和保姆照顾他和教育他。祖母是一个虔诚的基督徒，道德上的修养也非常的高。祖母曾经赠给了罗素一句经文上的话，“我儿，恶人若引诱你，你不可随从”。也就是这句话使罗素受益终生，成为他一生的座右铭。

青少年时期的罗素兴趣广泛，涉猎颇多。他对数学、历史和文学都抱有强烈的兴趣。他在十几岁的时候曾听到哥哥讲欧氏几何学，从此就对数学产生了浓厚的兴趣，并且一直持续到老。当他的叔叔给他讲了一些科学知识之后，他忽然发现科学和宗教存在许多矛盾之处。为了寻找答案，他就在知识的路上，一路走了下去。当他发现祖父的书房里有许多他喜欢看的文学和历史著作时，他就如饥似渴地读了下去，从书中汲取了许多知识和营养，使他终生受益。

在大学期间，罗素所学的课程较多，他主修了数学、哲学和经济学。数学老师怀特海很欣赏罗素这个学生，也很赏识他的才能。怀特海老师就把罗素介绍给了许多知名的大哲学家和大学者。从此之后，罗素就青云直上，不但顺利完成了学业，而且还做出了一定的成就。

1894年的一天，罗素和一位美国姑娘一见钟情，就这样陷入了情网。由于这位名叫阿露丝·波尔萨斯·史密斯的姑娘比他大5岁，他的家人反对他与这位姑娘结合。但是罗素对这位姑娘的爱情已经无可救药，他义无反顾地和这位姑娘结婚了，这样这个姑娘不仅成了他生活上的伴侣，而且还成了他事业上的伙伴，为他事业的发展做出了许多的努力。罗素在妻子的帮助下著作了《德国的社会民主》和《论几何学的基础》。

不久，罗素与意大利的逻辑学家皮亚诺结识，在与皮亚诺的交往中，他发现了皮亚诺“用于逻辑分析的工具”，而这也是罗素多年苦苦寻求的。罗素接下来就进行了精心的研究，他把皮亚诺的技术进行改进并运用到了分析数学基本概念工作上。在这几个月期间，他的智力都始终处于高超的巅峰状态，灵感也有如泉涌。每一天都有新的进步和发现。最终他在年底完成了《数学的原理》一书，他的这部著作至今依然是数学基础研究发展史上的一个里程碑。

在此之后，罗素和怀特海合著的《数学原理》是20世纪科学的重大成果，被誉为“人类心灵的最高成就之一”，也正是这部著作为罗素赢得了学术上的崇高地位和荣誉。

然而，当一战爆发之后，他就不再把自己的重点放在对哲学上的研究，而是更多的为呵护和平，呼吁制止战争前后奔波去了。为了人类的和平与安定，罗素经常去演讲或组织活动，还写书谴责和控诉战争的罪恶，他写的《战争恐惧之源》就很有影响。他的政治著作《社会重建原则》对婚姻、教育、教会等许多重大的问题都发表了自己独特的看法，观点奇特迥异，吸引了不少的人。他在战争期间还组织了“拒服兵役委员会”，并因此而遭受法院的逮捕，被学院解职。

为了维护和平，罗素还不幸被判入狱，他在狱中依然继续着自己的研究，呕心沥血地完成了《数学哲学导论》一书，并为《心的分析》的撰写构思。罗素没有了正式的职业，过得贫困潦倒，为了谋生，他不得不写更多的东西来养活自己。

当罗素出狱后，顿时，声名大振。他不仅随代表团出访了苏维埃共和国，而且还应邀到中国去讲学。罗素曾经说，他对中国古老悠久的文化很痴迷，而且对中国人的教养和儒雅的风度也十分敬佩。

不久，罗素遇到了多拉·布莱克，他们双双陷入情网，这样一来，他们很快就进入了婚姻的殿堂。多拉·布莱克为罗素生了一男一女。他当了父亲后，就渐渐地对教育更感兴趣了，于是，就和妻子一道创立了一所实验学校。在以后的发展历程中，由于种种原因，他和自己亲爱的妻子离婚了。

罗素一生充满了波折，但是也充满了成就感，他撰写了大量的科学著作，有许多都是有关俄国、中国、相对论、历史、教育、性道德、国际关系、宗教和未来社会的。他的《心的分析》、《论教育，尤其是幼儿的教育》、《物的分析》、《哲学大纲》、《怀疑论文集》、《道德与婚姻》、《教育与社会秩序》、《自由和组织》、《宗教和科学》等都是其中的精品。

但是，不久之后，新的困难又向罗素降临。他被邀请去牛津大学演讲，但由于天主教的反对而破灭，他想去讲学和旅游，也因保守势力的猖獗而告吹。再也没有报纸和各家媒体让他撰稿了，罗素就这样茕茕孑立，立于孤立无援的境地。在他困难的时期，也只有奇迹的出现，才能使他摆脱命运的诅咒和困扰。也正在此时，费城的百万富翁巴恩斯博士把罗素从困境中解救出来，这是他人生的转折点，他的著名的《西方的哲学史》一书也就是在此时完成的。

由于罗素激烈地谴责苏式共产主义，他的这一表态正好迎合了当时英国政府的响应。所以，自然而然，罗素就和三一学院重修旧好。在此期间，他写了最后一部重要的哲学著作《人类的知识》。英王乔治六世向他颁发象征着英国最高荣誉的“功勋奖章”，并被选为英国科学院的院士，迎来了他人生事业上的第二高峰。

罗素应邀到世界各地发表演讲，他在大学开设课程，在报纸上撰稿。他的演讲稿后来还被编成《变化中的世界的新希望》一书。接着，他因“哲学作品对人类道德文化做出了贡献”获得诺贝尔文学奖。在获奖演说中，罗素还就自己晚年最为关心的和平问题发表了自己的看法。

为人类的和平鞠躬尽瘁，罗素撰写了大量抨击战争的文字，并且他还用行动表明，发表了著名的《罗素——爱因斯坦宣言》。他还向各国著名科学家征集签名，那些签名的科学家大多是诺贝尔奖获得者，所以，罗素的宣言造成了很大的影响。

罗素先后创立了核裁军活动，成立了非暴力反抗运动百人委员会，建立了“罗素和平基金会”……即使在生命的最后一刻，罗素还在为呼吁人类的和平，为和平事业奔波操劳。

第二节 罗素的《幸福之路》

对爱情的渴望，对知识的追求，对人类苦难无可遏制的同情心，这三种简单而又强烈的感情支配了我的一生。（罗素）

《幸福之路》是罗素的代表作，也是他思想的精华所在。他曾在《幸福之路》第二章中，论述了拜伦式的不幸：

我想奉劝读者诸君，无论出于何种理由，理性都不会将禁令加诸幸福；不仅如此，我还坚信，那些真心诚意地把自己的哀怨归之于自己对宇宙的看法的人，是本末倒置了。事实是，他们之所以不幸，是出于一些他们并不了解的原因，而这种不幸便使得他们去思索自己生活于其中的世界里那些惹人不快的方面。

对当代美国人来说，我准备讨论的观点早已由约瑟夫·伍德·克鲁奇先生在他写的《现代性情》一书中表述过了。对我们的祖辈来说，则是拜伦的观点；对于所有时代来说，则是《布道书》一书作者的观点。克鲁奇先生说："我们的事业是一种失败了的事业，在大自然的世界中，我们找不到自己的位置；然而我们并不因此而对成为人类感到遗憾。我们宁愿作为人死去，也不愿像动物一样地活着。"拜伦说：这世界给予的乐趣没有一个像它带走的一般快活，当早年思绪的光芒在情感的隐隐褪色中渐渐淹没。

《布道书》的作者说：我羡慕那些已死的人，他们比活着的人幸福多了。但是，那尚未出生，尚未看见过世上所发生的不公正的一切的，比上述两种人都幸运。

这三位悲观主义者在回顾了生活的乐趣之后都得出了忧伤抑郁的结论。克鲁奇先生生活于纽约最高层的知识分子圈里；拜伦畅游过赫勒斯滂，且有过许许多多的风流韵事。《布道书》一书的作者追逐过的快乐更是多种多样，他饮酒作乐，欣赏音乐，"凡此种种"，他建造水池，他拥有男仆女佣，甚至仆人也在他家里传宗接代。即使在这种情况下，他的智慧也并没有离他而去。然而他将这一切，甚至他的智慧都看成一团虚化而变化，但是它不会随着争辩而有所改变。我自己也曾有过这种情绪，似乎一切都是空虚；我摆脱这种情绪，不是通过任何哲学手段，而是由某种不得已而为之的行动需要所促成。

在《布道书》中，也有一些理性的探讨。江河流入大海，海却不满不溢。太阳底下没有新事物，陈年旧事无人追念。我讨厌在阳光下所做的一切；因为我不得不把一切留给后人。

如果把上面这些观点用现代哲学家的风格来表述的话，那很可能是这样：人永远在辛勤劳作，物质处在永恒的运动之中。我试图辨明智慧和愚昧，知识与狂妄；但是，我发现这只不过是精神的作茧自缚。智慧越多、烦恼越重；学问越博，忧患越深。他的智慧似乎令他生气，他想摆脱它，却未能成功。我在心底呐喊："快来吧！试一试快乐，享一享幸福！"但是，看哪，这也是空虚！但智慧仍缠绕着他。我心想："笨人的遭遇也是我的遭遇，我即使聪明过人，又有什么益处呢？"我的答案是："不，一切都是空虚！"因此，人生对我毫无意义，太阳底下所做的一切事只会使我厌烦，一切都是虚无，一切都是精神的作茧自缚。

对文人来说幸运的是，人们不再去读很久以前的东西了；因为一旦读了这些书，便会得出结论，说不管关于水池有人曾经发表何种议论，新的书籍的撰述必定空虚。假如我们可以表明《布道书》的教义并不仅仅为聪明人所独有，我们就不必为后来出现的表达同样感情的词句而困扰了。在这种讨论中，我们必须区分开情绪与理智的表述。同情绪是没有必要展开争辩的，因为它会随着某一幸运的事件，或者我们身体状况变化，没有什么是一成不变的，尽管后来的新事物同逝去的旧事物之间没有什么差异。一个人死去，他的后代收获他的劳动果实；河流奔向大海，但是河水却不允许呆在海里。如此周而复始、无尽期、无目的，人类和万事万物在这个循环中生生死死，没有进步发展，没有永恒的收获，日复一日，年复一年。河流如果有智慧，就会呆在原地，止步不前。所罗门如果有智慧，就不会种植果树，而让他的儿子坐享其成。

罗素的《幸福之路》就是这样写成的，看来他似乎很不赞成克鲁奇先生的话，也对《布道书》上的言论持有异议。罗素似乎没有深入挖掘这些言论的内在含义。看似悲观的言论，并不能代表作者就是一个悲观主义者，也不能说作者就是悲观主义。因为如果布道书和克鲁奇先生的认识是一种绝对的认识和真理之言的话，那么罗素的质疑和评论也只能是画蛇添足了。所谓的悲观和乐观是固守在人对客观世界的两种不同的反应之上的，而这两种反应本来就是矛盾对立的，是二元论的两个方面和两个极端。如果布道书上的话，是超越于一切善恶的，是超越于对一切事物的悲观和乐观而言的，那么悲观也好，乐观也好，对那些真理之言又有什么意义呢？

布道书上说道，一切都是虚空，克鲁奇先生也说，太阳底下没有新的事物。这些言论的本身就是真理，又何需再去多言呢？一切过去发生的事情，现在也在发生，一切现在发生的事情，将来还会发生。所有新奇的事物无非是旧事物的原型和改造。世界没有变，一切的一切依然没有变。世界的本质才是一个人去研究和观察的东西，只要本质没有改变，什么都不会改变。世界上的事物千变万化，千姿百态，各具特色，没有人能穷其一旨，明其一端。要是以事物外在形态的变化去衡量世界的变化与否，那么一个人穷其一生都研究不完。宇宙是无穷的，事物也是无穷的，宇宙是永恒不变的，同样事物的本性也是永恒不变的，变的只是状态，而不变的都是内在和灵魂。所以，所谓的幸福也就是没有幸福。一个人只有在他不去寻求幸福，渴求幸福，内心一片祥和与宁静的时候，他才是最幸福的人。

罗素无论是在现代西方哲学界、逻辑学界还是社会政治领域，都有着崇高的声誉和极大的威望。他是20世纪分析哲学的创始人，还是对数学逻辑的发展作出过重要贡献的逻辑学家。穆尔、维特根斯坦和硼因在哲学上的成就都深受他的影响。

罗素是亚里士多德以来最伟大的逻辑学家，世界公认他在数学逻辑方面的贡献是独一无二的，他还因为与怀特海合作《数学原理》一书，被公认为现代数理逻辑这门科学的奠基石。刺激和推动了20世纪逻辑学的发展的理论就是他所提出的“罗素悖论”。

罗素是一位社会活动家、哲学家、逻辑学家和社会思想家，他长年累月地致力于教育、伦理、婚姻、社会改革、历史、政治的探讨，以及女权运动与和平事业的奉献。他的成就不可磨灭，他的影响根深蒂固，他是人们心目中的引导者，他把人类带到了更加光明的未来。

第二十章

弗洛姆爱的艺术

有的人一生都在等待，在等待着自己心爱的恋人出现。然而，当他错过了月亮的时候，他又再一次很遗憾地错过了星星。当他错过了星星的时候，就又一次很遗憾地错过了太阳。他的一生都是在追忆与向往之中度过，在期待与失望之中遗失。他没有了爱的能力，也失去了爱的勇气……他在一次次的期待之中收入空白。

弗洛姆所说的爱的艺术，爱就是给予而不是求取，爱是艺术，需要一个人去学会爱别人，爱要有宽容、忍耐、容忍、关心、体贴和理解。而真正地去关怀、体贴和理解一个人却不是像一见钟情那么的简单而刺激了，它更需要内心爱的能力和真正一生的永恒。

一个人要学会去爱。爱的极点就是达到艺术的完美境界。但是，对于爱情而言，爱是要靠两个人去经营的，只有两个人像栽培鲜花那样共同去浇灌、施肥与呵护，才能绽放出美丽的花朵。爱是两个人的结晶，也许爱并不高远，也并不神秘，但是它却渗透了两个人的朝夕与共、相濡以沫和深深的默契。

世界上没有绝对的爱情，也没有绝对的美好……再美好的爱情也会有摩擦，再痛苦的爱情也会有甜蜜。爱情都是在经历许多的风风雨雨之后，在一步一步的成长中才会有完美的结局。真情实意的爱情难找，白头到老的爱情难寻。爱就是视而不见的妻子和听而不闻的丈夫，爱需要一个人付出真心，更要付出智慧。有真心，爱情才变得牢靠，有智慧，爱情才变得顺利。爱不仅仅在于拥抱和亲吻，而更在于协调和默契，在于两个人的不言不语，而爱情已经出现，两个人没有任何举动，而彼此都已经爱心萌生。

第一节
弗洛姆的精神心理学

最正常的人也就是病得最厉害的人，而病得最厉害的人也就是最健康的人。（弗洛姆）

弗洛姆最崇拜弗洛伊德了，弗洛伊德就是他的偶像。弗洛伊德成为人们心中的明星，是众周所知的精神分析学家，当然他的追随者弗洛姆也享受到了这样的殊荣。甚至在中国，他的名字也并不是那么陌生，中国的许多读者都喜欢读他的书。也许别人对弗洛姆的了解也只是局限在他的精神领域，但是如果我们回顾他的一生，就会知道弗洛姆的思想与弗洛伊德的思想是一脉相承的，他继承了弗洛伊德的精华。

德国是一个产哲学家的国度，弗洛伊德出生在德国，同样，弗洛姆也是在德国出生。当弗洛伊德完成他的精神分析学说 44 年之后，弗洛姆才出生，这样也正好为弗洛姆学习弗洛伊德的精神分析学说做好了准备。当弗洛姆出生之时，弗洛伊德也刚好写就了他的《释梦》一书。弗洛伊德的精神分析理论是从一种单纯的疾病治疗方法开始升华的，他把精神分析理论升华到了理解人类动机和人格的理论，这无疑是一种跨越了，而且取得这一跨越之后，他还在 1923 年写就了《自我与本我》一书。

冥冥之中影响弗洛姆一生的就是这些事，弗洛姆深受启发，他在 1928 年的时候，就对精神分析学说有一定的研究。并且他还担任了德国著名的法兰克福大学精神分析学讲师。

他曾在维也纳大学的医学部门工作，研究了精神上的疾病治疗，后来，他独辟蹊径做出了自己的成就。20 世纪 30 年代初期，弗洛姆为了躲避纳粹分子的迫害，就躲到了美国避害。在美国期间，他继续自己的精神分析研究，直到 1980 年他在美国逝世。

弗洛姆一生都在批判社会的罪恶，他很想拯救人类，他对人类群体的命运表示出了很深的担忧。弗洛姆在深入地了解和研究弗洛伊德的学说基础上提出了自己的理论。

弗洛姆是一个精神病学家，他在心理学方面有很深的造诣，同时，在有关人的探索上，他也有许多重要的理论。

弗洛姆认为，人虽然是高级动物，是万物的灵长、自然的灵魂，但是当一个婴儿刚刚出生时，就会了解到他是那么的脆弱和幼小。在大自然的怀抱里，人是多么的渺小和无知。人是脆弱的、渺小的，所以，人就不得不形成天生的依赖，对父母的依赖，对朋友、恋人的依赖等。这个万物的灵长为了拥有自己的聪明智慧，他就不得不去适应生存，探索新的人类道路，创建高度发达的人类文明。然而，人既具有动物性的一面，生存繁殖，也有非动物性的一面，仁爱宽厚、寻求超越。所有最尖锐也最深刻的矛盾也就集中在了人的身上。

人在自然之中分离，又在社会之中合体，这样就导致了人自身的灵肉分离……苦苦地在内心和自己争斗不已。

人之所以会有欲望，是因为人有欲望，有需要，有追求……人有着比动物更高的追求和满足。人除了最起码能吃饱睡好以外，他们渴望摆脱心理上的孤独，所以，有的人就去寻求爱，有的人就自恋……当一个人还在襁褓之中的时候，他就依恋自己的母亲，依偎在母亲的怀抱中，受母亲的呵护和疼爱，被母亲关怀和照料。而当他离开了母亲的时候，他就成了一个独立的人。这样他就失去了一个家，一个精神上的家，为了能够再找回那个曾经的拥有，他就不得不去寻根，就如同落叶要归根一样，他也渴望找到自己的归宿，走向人生的归途。有的人个性独立，他始终都在追寻和探问那个生命的归路，最终他就找到了自我。而有的人却不然，他们在社会中受社会环境和周围人的影响就忘掉了自我。这是两种截然不同的人生，也是两种截然不同的命运。

一个人无论他寻求超越也好还是寻求顺从也好，他最终都得死亡。人都是身不由己地被抛入这个世界，而又身不由己地被抛出这个世界。

弗洛姆通过对人的研究，还指出了人在现代社会之中，由于受物欲或人欲的牵引和诱导就最终使自己被同化、物化或异化，从而出现了如今的受虐狂、施虐狂、机械的自动适应以及堕落型的恋尸癖、自恋、乱伦。现代人的性格被社会扭曲了，很少有人能再有人性的自我制约和抵制，很少有人能够活在健康的心灵世界之中，对别人关爱、同情、温柔、尊重、理解和有责任。健康的性格就是能够自发性地爱和工作，而真正能自发地去爱别人，去怀揣者一颗爱的心去工作的人寥寥无几。在这个时候，“最正常的人也就是病得最厉害的人，而病得最厉害的人也就是最健康的人。”

第二节
弗洛姆爱的艺术

爱，不是一种无需花费精力的享受，爱是一门艺术，它需要知识和努力。(弗洛姆)

弗洛姆认为爱就是一门艺术，爱并不是“得”而是“给”。他说，“爱本质上是给予而非获取”。要想让别人去爱你，你首先要自爱和爱别人。没有无根之木，也没有无源之水，所有的给予你爱的人也是在你这里得到过爱、尊重和理解的人。爱是一门艺术，一个人要想爱，就必须去学习，去努力做到爱的要求。就如同音乐一样，只有你懂得了、了解了，才能心有灵犀，才能心心相印。

弗洛姆纠正了大多数人对爱的错误认识，他说爱并不是像一般人所想象的那样，仅仅就是一种心旷神怡的感受。要想得到别人的爱，就必须自己有爱的能力，能让别人去爱，用自己的爱去温暖别人，感召别人的爱。堕入情网仅仅是生理的冲动和自我失控，而“持久的爱”才是用自己的能力去培养和栽培出来的爱的鲜花。

“堕入情网”就如同火与火药的亲吻和狂欢一样，在刹那间就会灰飞烟灭。他们两者相许，融为一体时，他俩就疯狂地结合，顿时，成为了最幸福的人。然而，久而久之，两者会变得陌生、憎恨和冷漠，同时双方又复归到失望、无聊、空虚和孤独寂寞之中了。那种如痴如醉的肉体的狂欢和吮吸只不过是寂寞灵魂的发泄和躯体内在激素的生发罢了。就如同美国作家休克斯勒尔在他的《美丽的新世界》一书中描绘的一样：“营养充分，穿戴讲究，性欲得到满足，但却没有自我，同他同时代的人也只有表面的接触。”现代人就是如此“今朝有酒今朝醉”。所谓的现代人的幸福说白了就是性欲的发泄和享受，他们看电影、浏览图片、吸香烟、看杂志……世界只是为了填饱他们的肚子，就像一个巨大的苹果、一个巨大的酒瓶和一个巨大的乳房，而我们是婴儿，永远在期待着什么，希望着什么，却永远是个失意者。

弗洛姆告诉我们爱的理念是：

“给”而不是“得”，“给”是力量的最高表现，恰恰是通过“给”，我才能体验我的力量、我的“富裕”、我的“活力”。而这只有通过真爱才有可能实现。真爱的基本要素，首先是爱情的积极性，除了有给的要素外，还有一些其他的基本要素。这些要素是所有爱的形式共有的，那就是：关心、责任心、尊重和了解。

那些天真的孩子总是在说，“我爱，因为我被人爱”，“我爱你，因为我需要你”。而只有真正地懂得爱的人才会这样说，“我被人爱，因为我爱人”，“我需要你，因为我爱你”。

幼稚的人会问“我会被人爱吗？我如何才能值得被人爱？”现代的人就是这样，他们为了能够得到别人的青睐和欣赏，吸引男士的眼球，女性就疯狂地打扮自己，把自己的头发做得好像花卷一样，把脸上涂了一层又一层香粉，身上还喷了香水，穿上时尚性感的女性内衣和外套，使自己显得更富有女人味和女性的魅力。男人则拼命地去挣钱，去获得社会上的地位和荣誉，他们要用自己的财产和实力来征服女人。无论是男人还是女人，他们都尽量保持让自己谈吐文雅、文质彬彬、谦虚谨慎、乐于助人、幽默风趣、魅力十足。他们都是“要赢得朋友和对他人施加影响”。然而，很少有人去仔细想一想，他们所谓的“值得被人爱”并不是赢得人心和对异性有吸引力。

还有些人之所以没有去爱，他认为找不到自己的另一半，没有那种能让自己的眼睛为之一亮的男人或女人。他们觉得只要找到了自己心爱的女人或心仪的男人肯定能走上幸福的爱情生活。弗洛姆批判了这种浅显的认识。他指出，世界上很少能有人只为一个人情有独钟。因为在芸芸众生之中，一个人的经历有限，遇到的异性也有限，根本无法能穷尽自己的所有去寻觅爱的人，即使寻觅到了那个自己所爱的人也未必能爱他。这个同样的看法曾经在几千年前，就已经被苏格拉底用一个小故事证明了。这个小故事是：

有一天，苏格拉底在一块麦地附近讲学。这时，有一个弟子问他：“问世间情为何物？”

苏格拉底对他说：“你去麦地里摘一个最大的麦穗，只许进不许退。我在麦地的尽头等你。”

可是，地里到处都是大麦穗，到底哪一个才是最大的呢？这个弟子埋头向前走。看看这一株，摇了摇头；看看那一株，又摇了摇头。他总以为最大的麦穗还在前面呢。虽然他也试着摘了几穗，但并不满意，便随手扔掉了。他最后看见一个比较大一点儿的，虽然还想着也许前面还会有更大的一个，但是他还是摘下了，他就这样抱着那个不是很大的麦穗，不是很情愿很理想地向前走了。

突然，他听到苏格拉底洪钟一般的声音："你已经到头了。"这个时候手拿一个不是很大的麦穗的弟子走到老师面前。

苏格拉底对弟子说："这块麦地里肯定有一穗是最大的，但你未必能碰见它；即使碰见了，也未必能作出准确的判断。因为最大的一穗就是你刚刚摘下的。"

弟子听了老师的话如梦初醒，悟出了这样一个道理：人的一生仿佛也是在麦地中行走，也在寻找那最大的一穗。有的人见了那颗粒饱满的"麦穗"，就不失时机地摘下它；有的人则东张西望，一再错失良机。当然，追求应该是最大的，但把眼前的麦穗拿在手中，才是实实在在的。因为缘分是值得去珍惜的，相遇即是缘。如果一生都在迟疑不定，那么一生也都只是在错过、遗憾……因为走过去的路再怎么惋惜也不能回头，珍惜眼前的缘分，才是明智的举动……

有的人一生都在等待，在等待着自己心爱的恋人出现。然而，当他错过了月亮的时候，他又再一次很遗憾地错过了星星。当他错过了星星的时候，就又一次很遗憾地错过了太阳。他的一生都是在追忆与向往之中度过，在期待与失望之中遗失。他没有了爱的能力，也失去了爱的勇气……他在一次次的期待之中收入空白。

从这个小故事当中，我们也可以理解弗洛姆所说的爱的艺术，爱就是给予而不是求取，爱是艺术，需要一个人去学会爱别人，爱要有宽容、忍耐、容忍、关心、体贴和理解。而真正地去关怀、体贴和理解一个人却不是像一见钟情那么的简单而刺激了，它更需要内心爱的能力和真正一生的永恒。

如做丈夫的理解和宽容妻子的不足，并原谅妻子经常犯的小错误，欣赏妻子的新衣服，喜欢吃妻子做的饭。当丈夫疲劳不堪地回家后，妻子应当体谅他，关心他，为他解除疲劳。支持丈夫的事业和努力。丈夫也不能嫌妻子唠叨，要细细地听她的琐碎的日常事，记住妻子的生日和结婚纪念日，时不时给她一个惊喜。这样夫妻之间就会和和美美，甜蜜幸福，这样的爱才如同上了油一样毫无摩擦，越转越有劲儿，越转越持久……

弗洛姆还认为，爱一个人不仅是一种强烈的感情，而且也是一项决定，一种判断，一个诺言。爱情不是性满足的结果，而是性的幸福，甚至掌握所谓的性技巧也是爱情的结果。

他说据许多的具体事例分析治疗，得知许多女性的性冷淡和男子的阳痿不是在他们性爱的过程中缺乏技巧，而是他们的胆怯心理导致的。这些困难使他们很难豪爽地献出自己，他们也就无法忍受异性的靠近。如果他们能够从自我的恐惧和胆怯之中走出来，那么他们就能够享受甜美的夫妻生活。然而，如果他们还依旧沉浸在那种恐惧的状态，即使他们懂得再多的性知识也是无济于事的。

爱情是给而不是得，它是一种积极的情绪。男子性行为的最高峰就是给。他把自己的性器官交给女子，把自己的精液也给了女子。同样，女子的性行为也是如此。她接受男子爱的行为时，她把自己的全部都交给了对方，她自己敞开了男性通向她内心的大门。

为了避免肉体的隔离，他们就通过性结合来达到两个人的亲密无间。但是弗洛姆否定了性行为只是生理上的要求和压力的释放这一观点。他说，性爱不仅仅是生理的渴求，更是占有欲、被占有欲、虚荣心和爱情的促使和催化。他指出，许多人把相互占有对方的身体作为爱的体现。

爱情能量的激发，会在不知不觉中，自然而然地点燃双方的爱火。但是爱情的点燃是轻轻的，是温柔的，没有占有欲和被占有欲……双方的结合是从精神上的相爱再到肉体上的渴求。而只有生理上肉体的结合，是没有爱情可言的。他们的结合只是一种纯粹的肉欲的放纵和发泄。性的吸引虽然会在一刹那间给双方带来满足和甜蜜，使双方产生朦胧的幻觉。但是当他们满足之后，会顿时陷入陌生、空虚和寂寞，性的结合给他们留下的更是憎恨、羞愧和痛苦的折磨。

弗洛伊德认为那是性本能的一种升华，而弗洛姆否定了他的观点，他说那是博爱的一种直接表现，既是生理的也是非生理的表现。

在西方的爱情衰亡之中，存在着两种观点，一种是把爱情看成纯粹的性满足的产物，一种是把爱情看成是避免孤独的避风港。弗洛姆称此种观点为爱情的病理学，并指出这样的结果也只是自觉的受苦。

这种精神病态究竟是怎样形成的呢？弗洛姆分析说，是因为他们其中的一方或者双方都引入了父亲或母亲的形象，把他们对父亲或母亲的感情都转移和寄托在了“所爱者”的身上。有的男孩在青春发育的过程中，始终都造成了对母亲的依恋，他们喜欢母亲的温柔关爱，母亲的理解和宽容。他们总想一直得到这种爱，他们在不知不觉中，总是把自己当成是母亲弱小无力的孩子。他们还喜欢吮吸母亲的乳汁，并且一直都没有断奶。当在这样的环境下成长的男人进入婚后生活时，他们就把与自己结合的那个女子看成是表面的关系，他不会对她负责。而且他对她也毫无爱情可言，他只是知道自己应当被人爱，而不是爱自己。这样的人往往具有强大的虚荣心和尚未实现的远大抱负。他们一旦找到了自己心目中的爱妻，就骄傲自满，神气十足，趾高气扬，好像是自己比任何人都高一等。当他的妻子不再让他心满意足的时候，当他的妻子希望有自己的生活，希望得到他的爱和保护时，他就妄言“妻子不爱他，自私或者专制”，就对自己的妻子抱怨不休。

弗洛姆对爱的看法，总而言之，也就是一个人要学会去爱。爱的极点就是达到艺术的完美境界。但是，对于爱情而言，爱是要靠两个人去经营的，只有两个人像栽培鲜花那样共同去浇灌、施肥与呵护，才能绽放出美丽的花朵。爱是两个人的结晶，也许爱并不高远，也并不神秘，但是它却渗透了两个人的朝夕与共、相濡以沫和深深的默契。

世界上没有绝对的爱情，也没有绝对的美好……再美好的爱情也会有摩擦，再痛苦的爱情也会有甜蜜。爱情都是在经历许多的风风雨雨之后，在一步一步的成长中才会有完美的结局。真情实意的爱情难找，白头到老的爱情难寻。爱就是视而不见的妻子和听而不闻的丈夫，爱需要一个人付出真心，更要付出智慧。有真心，爱情才变得牢靠，有智慧，爱情才变得顺利。爱不仅仅在于拥抱和亲吻，而更在于协调和默契，在于两个人的不言不语，而爱情已经出现，两个人没有任何举动，而彼此都已经爱心萌生。

除了弗洛伊德对弗洛姆的影响非常大之外，中国的禅宗对弗洛姆也有一定的影响。潜意识的概念就是弗洛姆提出来的，他的潜意识遭到了宗教道德法律的挑战和抵抗，但是他的潜意识却因为挑战宗教信仰和道德法律而逐渐被人们所接受，也成为了人们获得自由和幸福的一条途径。

但是弗洛姆的潜意识也有一定的局限，他的这个潜意识是在生物学的基础之上提出来的，但是人是高级的动物，人具有区别于动物的明显的精神价值所在。